PRÉFACE

La collection de guides de conversation "Tout ira bien!", publié par T&P Books, est conçue pour les gens qui voyagent par affaire ou par plaisir. Les guides de conversations contiennent le plus important - l'essentiel pour la communication de base. Il s'agit d'une série indispensable de phrases pour survivre à l'étranger.

Ce guide de conversation vous aidera dans la plupart des cas où vous devez demander quelque chose, trouver une direction, découvrir le prix d'un souvenir, etc. Il peut aussi résoudre des situations de communication difficile lorsque la gesticulation n'aide pas.

Ce livre contient beaucoup de phrases qui ont été groupées par thèmes. Vous trouverez aussi un petit dictionnaire de plus de 1500 mots importants et utiles.

Emmenez avec vous un guide de conversation "Tout ira bien!" sur la route et vous aurez un compagnon de voyage irremplaçable qui vous aidera à vous sortir de toutes les situations et vous enseignera à ne pas avoir peur de parler aux étrangers.

TABLE DES MATIÈRES

T&P Books Publishing

T&P Books Publishing

GUIDE DE CONVERSATION
— LETTON —

LES PHRASES LES PLUS UTILES

Ce guide de conversation contient les phrases et les questions les plus communes et nécessaires pour communiquer avec des étrangers

Par Andrey Taranov

TeP BOOKS

Guide de conversation + dictionnaire de 1500 mots

Guide de conversation Français-Letton et dictionnaire concis de 1500 mots

Par Andrey Taranov

La collection de guides de conversation "Tout ira bien!", publiée par T&P Books, est conçue pour les gens qui voyagent par affaire ou par plaisir. Les guides contiennent l'essentiel pour la communication de base. Il s'agit d'une série indispensable de phrases pour "survivre" à l'étranger.

Une autre section du livre contient un petit dictionnaire de plus de 1500 mots les plus utilisés. Le dictionnaire inclut beaucoup de termes gastronomiques et peut être utile lorsque vous faites le marché ou commandez des plats au restaurant.

T&P Books Publishing
www.tpbooks.com

ISBN: 978-1-78716-281-5

Ce livre existe également en format électronique.
Pour plus d'informations, veuillez consulter notre site: www.tpbooks.com ou rendez-vous sur ceux des grandes librairies en ligne.

PRONONCIATION

Lettre	Exemple en letton	Alphabet phonétique T&P	Exemple en français

Voyelles

Lettre	Exemple en letton	Alphabet phonétique T&P	Exemple en français
A a	adata	[ɑ]	aller
Ā ā	ābols	[ɑ:]	cadre
E e	egle	[e], [æ]	numéro
Ē ē	ērglis	[e:], [æ:]	aller
I i	izcelsme	[i]	stylo
Ī ī	īpašums	[i:]	industrie
O o	okeāns	[o], [o:]	mauvais
U u	ubags	[u]	boulevard
Ū ū	ūdens	[u:]	tour

Consonnes

Lettre	Exemple en letton	Alphabet phonétique T&P	Exemple en français
B b	bads	[b]	bureau
C c	cālis	[ts]	gratte-ciel
Č č	čaumala	[tʃ]	match
D d	dambis	[d]	document
F f	flauta	[f]	formule
G g	gads	[g]	gris
Ģ ģ	ģitāra	[dʲ]	mondial
H h	haizivs	[h]	[h] aspiré
J j	janvāris	[j]	maillot
K k	kabata	[k]	bocal
Ķ ķ	ķilava	[tʲ/tʃʲ]	hongrois - tyúk, allemand - Matjes
L l	labība	[l]	vélo
Ļ ļ	ļaudis	[ʎ]	souliers
M m	magone	[m]	minéral
N n	nauda	[n]	ananas
Ņ ņ	ņaudēt	[ɲ]	canyon
P p	pakavs	[p]	panama
R r	ragana	[r]	racine, rouge

Lettre	Exemple en letton	Alphabet phonétique T&P	Exemple en français
S s	sadarbība	[s]	syndicat
Š š	šausmas	[ʃ]	chariot
T t	tabula	[t]	tennis
V v	vabole	[v]	rivière
Z z	zaglis	[z]	gazeuse
Ž ž	žagata	[ʒ]	jeunesse

Remarques

`  ` **Qq, Ww, Xx, Yy**: caractères employés uniquement dans les mots d'origine étrangère

`  ` Dans la majorité des cas, l'accent est porté sur la première syllabe du mot.

LISTE DES ABRÉVIATIONS

Abréviations en français

adj	-	adjective
adv	-	adverbe
anim.	-	animé
conj	-	conjonction
dénombr.	-	dénombrable
etc.	-	et cetera
f	-	nom féminin
f pl	-	féminin pluriel
fam.	-	familiar
fem.	-	féminin
form.	-	formal
inanim.	-	inanimé
indénombr.	-	indénombrable
m	-	nom masculin
m pl	-	masculin pluriel
m, f	-	masculin, féminin
masc.	-	masculin
math	-	mathematics
mil.	-	militaire
pl	-	pluriel
prep	-	préposition
pron	-	pronom
qch	-	quelque chose
qn	-	quelqu'un
sing.	-	singulier
v aux	-	verbe auxiliaire
v imp	-	verbe impersonnel
vi	-	verbe intransitif
vi, vt	-	verbe intransitif, transitif
vp	-	verbe pronominal
vt	-	verbe transitif

Abréviations en letton

s	-	nom féminin
s dsk	-	féminin pluriel

s, v	-	masculin, féminin
v	-	nom masculin
v dsk	-	masculin pluriel

T&P BOOKS

GUIDE DE CONVERSATION LETTON

Cette section contient
des phrases importantes
qui peuvent être utiles dans
des situations courantes.
Le guide vous aidera
à demander des directions,
clarifier le prix, acheter
des billets et commander
des plats au restaurant

T&P Books Publishing

CONTENU DU GUIDE DE CONVERSATION

T&P Books Publishing

Excusez-moi, ...	**Atvainojiet, ...** [atvainɔjiɛt, ...]
Bonjour	**Sveicināti.** [svɛitsina:ti.]
Merci	**Paldies.** [paldiɛs.]
Au revoir	**Uz redzēšanos.** [uz redze:ʃanɔs.]
Oui	**Jā.** [ja:.]
Non	**Nē.** [ne:.]
Je ne sais pas.	**Es nezinu.** [es nezinu.]
Où? | Où? | Quand?	**Kur? | Uz kurieni? | Kad?** [kur? | uz kuriɛni? | kad?]

J'ai besoin de ...	**Man vajag ...** [man vajag ...]
Je veux ...	**Es gribu ...** [es gribu ...]
Avez-vous ... ?	**Vai jums ir ...?** [vai jums ir ...?]
Est-ce qu'il y a ... ici?	**Vai šeit ir ...?** [vai ʃɛit ir ...?]
Puis-je ... ?	**Vai drīkstu ...?** [vai dri:kstu ...?]
s'il vous plaît (pour une demande)	**Lūdzu, ...** [lu:dzu, ...]

Je cherche ...	**Es meklēju ...** [es mekle:ju ...]
les toilettes	**tualeti** [tualeti]
un distributeur	**bankomātu** [bankɔma:tu]
une pharmacie	**aptieku** [aptiɛku]
l'hôpital	**slimnīcu** [slimni:tsu]
le commissariat de police	**policījas iecirkni** [pɔlitsi:jas iɛtsirkni]
une station de métro	**metro** [metrɔ]

un taxi	**taksometru** [taksɔmetru]
la gare	**dzelzceļa staciju** [dzelztsɛļa statsiju]

Je m'appelle ...	**Mani sauc ...** [mani sauts ...]
Comment vous appelez-vous?	**Kā jūs sauc?** [ka: ju:s sauts?]
Aidez-moi, s'il vous plaît.	**Lūdzu, palīdziet.** [lu:dzu, pali:dziɛt.]
J'ai un problème.	**Man ir problēma.** [man ir prɔblɛ:ma.]
Je ne me sens pas bien.	**Man ir slikti.** [man ir slikti.]
Appelez une ambulance!	**Izsauciet ātro palīdzību!** [izsautsiɛt a:trɔ pali:dzi:bu!]
Puis-je faire un appel?	**Vai drīkstu piezvanīt?** [vai dri:kstu piɛzvani:t?]

Excusez-moi.	**Atvainojos.** [atvainɔjɔs.]
Je vous en prie.	**Lūdzu.** [lu:dzu.]

je, moi	**es** [es]
tu, toi	**tu** [tu]
il	**viņš** [viɲʃ]
elle	**viņa** [viɲa]
ils	**viņi** [viɲi]
elles	**viņas** [viɲas]
nous	**mēs** [me:s]
vous	**jūs** [ju:s]
Vous	**Jūs** [ju:s]

ENTRÉE	**IEEJA** [iɛeja]
SORTIE	**IZEJA** [izeja]
HORS SERVICE	EN PANNE	**NESTRĀDĀ** [nestra:da:]
FERMÉ	**SLĒGTS** [sle:gts]

OUVERT	**ATVĒRTS** [atveːrts]
POUR LES FEMMES	**SIEVIETĒM** [siɛviɛteːm]
POUR LES HOMMES	**VĪRIEŠIEM** [viːriɛʃiɛm]

Questions

Où? (lieu)	**Kur?** [kur?]
Où? (direction)	**Uz kurieni?** [uz kuriɛni?]
D'où?	**No kurienes?** [nɔ kuriɛnes?]
Pourquoi?	**Kāpēc?** [ka:pe:ts?]
Pour quelle raison?	**Kādēļ?** [ka:de:lʲ?]
Quand?	**Kad?** [kad?]

Combien de temps?	**Cik ilgi?** [tsik ilgi?]
À quelle heure?	**Cikos?** [tsikɔs?]
C'est combien?	**Cik maksā?** [tsik maksa:?]
Avez-vous ... ?	**Vai jums ir ...?** [vai jums ir ...?]
Où est ..., s'il vous plaît?	**Kur atrodas ...?** [kur atrɔdas ...?]

Quelle heure est-il?	**Cik pulkstens?** [tsik pulkstens?]
Puis-je faire un appel?	**Vai drīkstu piezvanīt?** [vai dri:kstu piɛzvani:t?]
Qui est là?	**Kas tur ir?** [kas tur ir?]
Puis-je fumer ici?	**Vai te drīkst smēķēt?** [vai te dri:kst smɛ:tʲe:t?]
Puis-je ...?	**Vai drīkstu ...?** [vai dri:kstu ...?]

Besoins

Je voudrais ...	**Es gribētu ...** [es gribɛ:tu ...]
Je ne veux pas ...	**Es negribu ...** [es negribu ...]
J'ai soif.	**Man slāpst.** [man sla:pst.]
Je veux dormir.	**Es gribu gulēt.** [es gribu gule:t.]

Je veux ...	**Es gribu ...** [es gribu ...]
me laver	**nomazgāties** [nɔmazga:tiɛs]
brosser mes dents	**iztīrīt zobus** [izti:ri:t zɔbus]
me reposer un instant	**nedaudz atpūsties** [nɛdaudz atpu:stiɛs]
changer de vêtements	**pārģērbties** [pa:rdʲe:rbtiɛs]

retourner à l'hôtel	**atgriezties viesnīcā** [atgriɛzties viɛsni:tsa:]
acheter ...	**nopirkt ...** [nɔpirkt ...]
aller à ...	**doties uz ...** [dɔties uz ...]
visiter ...	**apmeklēt ...** [apmekle:t ...]
rencontrer ...	**satikties ar ...** [satikties ar ...]
faire un appel	**piezvanīt** [piɛzvani:t]

Je suis fatigué /fatiguée/	**Es esmu noguris /nogurusi/.** [es esmu nɔguris /nɔgurusi/.]
Nous sommes fatigués /fatiguées/	**Mēs esam noguruši /nogurušas/.** [me:s ɛsam nɔguruʃi /nɔguruʃas/.]
J'ai froid.	**Man ir auksti.** [man ir auksti.]
J'ai chaud.	**Man ir karsti.** [man ir karsti.]
Je suis bien.	**Man viss kārtībā.** [man vis ka:rti:ba:.]

Il me faut faire un appel.

Man jāpiezvana.
[man ja:piɛzvana.]

J'ai besoin d'aller aux toilettes.

Man vajag uz tualeti.
[man vajag uz tualeti.]

Il faut que j'aille.

Man laiks doties.
[man laiks dotiɛs.]

Je dois partir maintenant.

Man jāiet.
[man ja:iɛt.]

Comment demander la direction

Excusez-moi, ...	**Atvainojiet, ...** [atvainɔjiɛt, ...]
Où est ..., s'il vous plaît?	**Kur atrodas ...?** [kur atrɔdas ...?]
Dans quelle direction est ... ?	**Kurā virzienā ir ...?** [kura: virziɛna: ir ...?]
Pouvez-vous m'aider, s'il vous plaît ?	**Lūdzu, palīdziet.** [lu:dzu, pali:dziɛt.]

Je cherche ...	**Es meklēju ...** [es mekle:ju ...]
La sortie, s'il vous plaît?	**Es meklēju izeju.** [es mekle:ju izeju.]
Je vais à ...	**Es dodos uz ...** [es dɔdɔs uz ...]
C'est la bonne direction pour ...?	**Vai eju pareizā virzienā ...?** [vai eju parɛiza: virziɛna: ...?]

C'est loin?	**Vai tas ir tālu?** [vai tas ir ta:lu?]
Est-ce que je peux y aller à pied?	**Vai es aiziešu ar kājām?** [vai es aiziɛʃu ar ka:ja:m?]
Pouvez-vous me le montrer sur la carte?	**Lūdzu, parādiet to uz kartes?** [lu:dzu, para:diɛt tɔ uz kartes?]
Montrez-moi où sommes-nous, s'il vous plaît.	**Parādiet, kur mēs tagad atrodamies?** [para:diɛt, kur me:s tagad atrɔdamiɛs?]

Ici	**Šeit** [ʃɛit]
Là-bas	**Tur** [tur]
Par ici	**Šurp** [ʃurp]

Tournez à droite.	**Griezieties pa labi.** [griɛziɛties pa labi.]
Tournez à gauche.	**Griezieties pa kreisi.** [griɛziɛties pa krɛisi.]
Prenez la première (deuxième, troisième) rue.	**pirmais (otrais, trešais) pagrieziens** [pirmais pagriɛziɛns]
à droite	**pa labi** [pa labi]

à gauche	**pa kreisi** [pa krɛisi]
Continuez tout droit.	**Ejiet taisni uz priekšu.** [ejiɛt taisni uz priɛkʃu.]

Affiches, Pancartes

BIENVENUE! **LAIPNI LŪGTI!**
[laipni lu:gti!]

ENTRÉE **IEEJA**
[iɛeja]

SORTIE **IZEJA**
[izeja]

POUSSEZ **GRŪST**
[gru:st]

TIREZ **VILKT**
[vilkt]

OUVERT **ATVĒRTS**
[atve:rts]

FERMÉ **AIZVĒRTS**
[sle:gts]

POUR LES FEMMES **SIEVIETĒM**
[siɛviɛte:m]

POUR LES HOMMES **VĪRIEŠIEM**
[vi:riɛʃiɛm]

MESSIEURS (m) **VĪRIEŠU TUALETE**
[vi:riɛʃu tualɛte]

FEMMES (f) **SIEVIEŠU TUALETE**
[siɛviɛʃu tualɛte]

RABAIS | SOLDES **ATLAIDES**
[atlaides]

PROMOTION **IZPĀRDOŠANA**
[izpa:rdoʃana]

GRATUIT **BEZ MAKSAS**
[bezmaksas]

NOUVEAU! **JAUNUMS!**
[jaunums!]

ATTENTION! **UZMANĪBU!**
[uzmani:bu!]

COMPLET **BRĪVU VIETU NAV**
[bri:vu viɛtu nav]

RÉSERVÉ **REZERVĒTS**
[rɛzerve:ts]

ADMINISTRATION **ADMINISTRĀCIJA**
[administra:tsija]

PERSONNEL SEULEMENT **TIKAI DARBINIEKIEM**
[tikai pɛrsɔna:lam]

ATTENTION AU CHIEN!	**NIKNS SUNS!** [nikns suns]
NE PAS FUMER!	**SMĒĶĒT AIZLIEGTS!** [smɛ:tʲe:t aizliɛgts!]
NE PAS TOUCHER!	**AR ROKĀM NEAIZTIKT!** [ar rɔka:m neaiztikt!]
DANGEREUX	**BĪSTAMI!** [bi:stami]
DANGER	**BĪSTAMS!** [bi:stams]
HAUTE TENSION	**AUGSTSPRIEGUMS!** [augstspriɛgums]
BAIGNADE INTERDITE!	**PELDĒT AIZLIEGTS!** [pelde:t aizliɛgts!]

HORS SERVICE | EN PANNE	**NESTRĀDĀ** [nestra:da:]
INFLAMMABLE	**UGUNSNEDROŠS** [ugunsnedrɔʃs]
INTERDIT	**AIZLIEGTS** [aizliɛgts]
ENTRÉE INTERDITE!	**IEBRAUKT AIZLIEGTS!** [iɛiɛja aizliɛgta]
PEINTURE FRAÎCHE	**SVAIGI KRĀSOTS** [svaigi kra:sɔts]

FERMÉ POUR TRAVAUX	**UZ REMONTA LAIKU SLĒGTS** [uz remɔnta laiku sle:gts]
TRAVAUX EN COURS	**UZ CEĻA STRĀDĀ** [uz tsɛlʲa stra:da:]
DÉVIATION	**APVEDCEĻŠ** [apvedtselʲʃ]

Transport - Phrases générales

avion	**lidmašīna** [lidmaʃi:na]
train	**vilciens** [viltsiɛns]
bus, autobus	**autobuss** [autɔbus]
ferry	**prāmis** [pra:mis]
taxi	**taksometrs** [taksɔmetrs]
voiture	**automašīna** [maʃi:na]

horaire	**saraksts** [saraksts]
Où puis-je voir l'horaire?	**Kur var apskatīt sarakstu?** [kur var apskati:t sarakstu?]
jours ouvrables	**darba dienas** [darba diɛnas]
jours non ouvrables	**nedēļas nogales** [nɛdɛ:lʲas nɔgales]
jours fériés	**svētku dienas** [sve:tku diɛnas]

DÉPART	**IZLIDOŠANA** [izlidoʃana]
ARRIVÉE	**IELIDOŠANA** [iɛlidoʃana]
RETARDÉE	**KAVĒJAS** [kave:jas]
ANNULÉE	**ATCELTS** [attselts]

prochain (train, etc.)	**nākamais** [na:kamais]
premier	**pirmais** [pirmais]
dernier	**pēdējais** [pɛ:de:jais]

À quelle heure est le prochain ...?	**Kad būs nākošais ...?** [kad bu:s na:kɔʃais ...?]
À quelle heure est le premier ...?	**Kad pienāk pirmais ...?** [kad piɛna:k pirmais ...?]

À quelle heure est le dernier ...?

Kad atiet pēdējais ...?
[kad atiɛt pɛːdeːjais ...?]

correspondance

pārsēšanās
[paːrseːʃanaːs]

prendre la correspondance

pārsēsties
[paːrseːstiɛs]

Dois-je prendre la correspondance?

Vai man ir jāpārsēžas?
[vai man ir jaːpaːrseːʒas?]

Acheter un billet

Où puis-je acheter des billets?	**Kur es varu nopirkt biļetes?** [kur es varu nɔpirkt bilʲɛtes?]
billet	**biļete** [bilʲɛte]
acheter un billet	**nopirkt biļeti** [nɔpirkt bilʲeti]
le prix d'un billet	**biļetes cena** [bilʲɛtes tsɛna]
Pour aller où?	**Uz kurieni?** [uz kuriɛni?]
Quelle destination?	**Līdz kurai stacijai?** [li:dz kurai statsijai?]
Je voudrais ...	**Man vajag ...** [man vajag ...]
un billet	**vienu biļeti** [viɛnu bilʲeti]
deux billets	**divas biļetes** [divas bilʲɛtes]
trois billets	**trīs biļetes** [tri:s bilʲɛtes]
aller simple	**vienā virzienā** [viɛna: virziɛna:]
aller-retour	**turp un atpakaļ** [turp un atpakalʲ]
première classe	**pirmā klase** [pirma: klase]
classe économique	**otrā klase** [ɔtra: klase]
aujourd'hui	**šodien** [ʃodiɛn]
demain	**rīt** [ri:t]
après-demain	**parīt** [pari:t]
dans la matinée	**no rīta** [nɔ ri:ta]
l'après-midi	**pēcpusdienā** [pe:tspusdiɛna:]
dans la soirée	**vakarā** [vakara:]

siège côté couloir

ejas sēdvieta
[ejas se:dviɛta]

siège côté fenêtre

sēdvieta pie loga
[se:dviɛta piɛ lɔga]

C'est combien?

Cik maksā?
[tsik maksa:?]

Puis-je payer avec la carte?

Vai varu samkasāt ar karti?
[vai varu samkasa:t ar karti?]

L'autobus

bus, autobus	**autobuss** [autobus]
autocar	**starppilsētu autobuss** [starppilsɛːtu autobus]
arrêt d'autobus	**autobusa pietura** [autobusa piɛtura]
Où est l'arrêt d'autobus le plus proche?	**Kur ir tuvākā autobusa pietura?** [kur ir tuvaːka: autobusa piɛtura?]
numéro	**numurs** [numurs]
Quel bus dois-je prendre pour aller à …?	**Kurš autobus brauc līdz …?** [kurʃ autobus brauts liːdz …?]
Est-ce que ce bus va à …?	**Vai šis autobus brauc līdz …?** [vai ʃis autobus brauts liːdz …?]
L'autobus passe tous les combien?	**Cik bieži kursē autobusi?** [tsik biɛʒi kurse: autobusi?]
chaque quart d'heure	**katras piecpadsmit minūtes** [katras piɛtspadsmit minuːtes]
chaque demi-heure	**katru pusstundu** [katru pustundu]
chaque heure	**katru stundu** [katru stundu]
plusieurs fois par jour	**vairākas reizes dienā** [vairaːkas rɛizes diɛnaː]
… fois par jour	**… reizes dienā** [… rɛizes diɛnaː]
horaire	**saraksts** [saraksts]
Où puis-je voir l'horaire?	**Kur var apskatīt sarakstu?** [kur var apskatiːt sarakstu?]
À quelle heure passe le prochain bus?	**Kad būs nākošais autobuss?** [kad buːs naːkoʃais autobus?]
À quelle heure passe le premier bus?	**Kad pienāk pirmais autobuss?** [kad piɛnaːk pirmais autobus?]
À quelle heure passe le dernier bus?	**Kad atiet pēdējais autobuss?** [kad atiɛt pɛːdeːjais autobus?]
arrêt	**pietura** [piɛtura]
prochain arrêt	**nākošā pietura** [naːkama: piɛtura]

terminus

gala pietura
[gala piɛtura]

Pouvez-vous arrêter ici, s'il vous plaît.

Lūdzu, pieturiet šeit.
[luːdzu, piɛturiɛt ʃɛit.]

Excusez-moi, c'est mon arrêt.

Atvainojiet, šī ir mana pietura.
[atvainɔjiɛt, ʃiː ir mana piɛtura.]

Train

train	**vilciens** [viltsiɛns]
train de banlieue	**priekšpilsētas vilciens** [priɛkʃpilsɛ:tas viltsiɛns]
train de grande ligne	**tālsatiksmes vilciens** [ta:lsatiksmes viltsiɛns]
la gare	**dzelzceļa stacija** [dzelztsɛlʲa statsija]
Excusez-moi, où est la sortie vers les quais?	**Atvainojiet, kur ir izeja uz peronu?** [atvainɔjiɛt, kur ir izeja uz perɔnu?]
Est-ce que ce train va à …?	**Vai šis vilciens dodas uz …?** [vai ʃis viltsiɛns dɔdas uz …?]
le prochain train	**nākošais vilciens** [na:koʃais viltsiɛns]
À quelle heure est le prochain train?	**Kad pienāks nākošais vilciens?** [kad piɛna:ks na:koʃais viltsiɛns?]
Où puis-je voir l'horaire?	**Kur var apskatīt sarakstu?** [kur var apskati:t sarakstu?]
De quel quai?	**No kura perona?** [nɔ kura perɔna?]
À quelle heure arrive le train à …?	**Kad vilciens pienāk …?** [kad viltsiɛns piɛna:k …?]
Pouvez-vous m'aider, s'il vous plaît?	**Lūdzu, palīdziet.** [lu:dzu, pali:dziɛt.]
Je cherche ma place.	**Es meklēju savu vietu.** [es mekle:ju savu viɛtu.]
Nous cherchons nos places.	**Mēs meklējam savas vietas.** [me:s mekle:jam savas viɛtas.]
Ma place est occupée.	**Mana vieta ir aizņemta.** [mana viɛta ir aizɲemta.]
Nos places sont occupées.	**Mūsu vietas ir aizņemtas.** [mu:su viɛtas ir aizɲemtas.]
Excusez-moi, mais c'est ma place.	**Atvainojiet, bet šī ir mana vieta.** [atvainɔjiɛt, bet ʃi: ir mana viɛta.]
Est-ce que cette place est libre?	**Vai šī vieta ir aizņemta?** [vai ʃi: viɛta ir aizɲemta?]
Puis-je m'asseoir ici?	**Vai drīkstu šeit apsēsties?** [vai dri:kstu ʃɛit apse:stiɛs?]

Sur le train - Dialogue (Pas de billet)

Votre billet, s'il vous plaît.	**Jūsu biļeti, lūdzu.** [ju:su biļeti, lu:dzu.]
Je n'ai pas de billet.	**Man nav biļetes.** [man nav biļɛtes.]
J'ai perdu mon billet.	**Es pazaudēju savu biļeti.** [es pazaude:ju savu biļeti.]
J'ai oublié mon billet à la maison.	**Es aizmirsu savu biļeti mājās.** [es aizmirsu savu biļeti ma:ja:s.]

Vous pouvez m'acheter un billet.	**Jūs varat nopirkt biļeti pie manis.** [ju:s varat nopirkt biļeti piɛ manis.]
Vous devrez aussi payer une amende.	**Jums būs jāsamaksā arī soda nauda.** [jums bu:s ja:samaksa: ari: soda nauda.]
D'accord.	**Labi.** [labi.]
Où allez-vous?	**Uz kurieni jūs brauciet?** [uz kuriɛni ju:s brautsiɛt?]
Je vais à ...	**Es braucu līdz ...** [es brautsu li:dz ...]

Combien? Je ne comprend pas.	**Cik? Es nesaprotu.** [tsik? es nɛsaprotu.]
Pouvez-vous l'écrire, s'il vous plaît.	**Lūdzu, uzrakstiet to.** [lu:dzu, uzrakstiɛt to.]
D'accord. Puis-je payer avec la carte?	**Labi. Vai es varu samaksāt ar karti?** [labi. vai es varu samaksa:t ar karti?]
Oui, bien sûr.	**Jā, variet.** [ja:, variɛt.]

Voici votre reçu.	**Lūdzu, jūsu kvīts.** [lu:dzu, ju:su kvi:ts.]
Désolé pour l'amende.	**Atvainojiet par naudas sodu.** [atvainojiɛt par naudas sodu.]
Ça va. C'est de ma faute.	**Tas nekas. Tā bija mana vaina.** [tas nɛkas. ta: bija mana vaina.]
Bon voyage.	**Patīkamu braucienu.** [pati:kamu brautsiɛnu.]

Taxi

taxi	**taksometrs** [taksɔmetrs]
chauffeur de taxi	**taksometra vadītājs** [taksɔmetra vadi:ta:js]
prendre un taxi	**noķert taksometru** [nɔt'ert taksɔmetru]
arrêt de taxi	**taksometra pietura** [taksɔmetra piɛtura]
Où puis-je trouver un taxi?	**Kur es varu dabūt taksometru?** [kur es varu dabu:t taksɔmetru?]
appeler un taxi	**izsaukt taksometru** [izsaukt taksɔmetru]
Il me faut un taxi.	**Man vajag taksometru.** [man vajag taksɔmetru.]
maintenant	**Tieši tagad.** [tiɛʃi tagad.]
Quelle est votre adresse?	**Jūsu adrese?** [ju:su adrɛse?]
Mon adresse est ...	**Mana adrese ir ...** [mana adrɛse ir ...]
Votre destination?	**Uz kurieni jūs brauksiet?** [uz kuriɛni ju:s brauksiɛt?]
Excusez-moi, ...	**Atvainojiet, ...** [atvainɔjiɛt, ...]
Vous êtes libre ?	**Vai jūs esat brīvs?** [vai ju:s ɛsat bri:vs?]
Combien ça coûte pour aller à ...?	**Cik maksā aizbraukt līdz ...?** [tsik maksa: aizbraukt li:dz ...?]
Vous savez où ça se trouve?	**Vai jūs zināt, kur tas atrodas?** [vai ju:s zina:t, kur tas atrɔdas?]
À l'aéroport, s'il vous plaît.	**Līdz lidosta, lūdzu.** [li:dz lidɔsta, lu:dzu.]
Arrêtez ici, s'il vous plaît.	**Apturiet šeit, lūdzu.** [apturiɛt ʃeit, lu:dzu.]
Ce n'est pas ici.	**Tas nav šeit.** [tas nav ʃeit.]
C'est la mauvaise adresse.	**Šī nav pareizā adrese.** [ʃi: nav parɛiza: adrɛse.]
tournez à gauche	**Tagad pa kreisi.** [tagad pa krɛisi.]
tournez à droite	**Tagad pa labi.** [tagad pa labi.]

Combien je vous dois?	**Cik esmu jums parādā?** [tsik esmu jums para:da:?]
J'aimerais avoir un reçu, s'il vous plaît.	**Es vēlētos čeku, lūdzu.** [es vɛ:le:tɔs tʃɛku, lu:dzu.]
Gardez la monnaie.	**Paturiet atlikumu.** [paturiɛt atlikumu.]

Attendez-moi, s'il vous plaît ...	**Uzgaidiet, lūdzu.** [uzgaidiɛt, lu:dzu.]
cinq minutes	**piecas minūtes** [piɛtsas minu:tes]
dix minutes	**desmit minūtes** [desmit minu:tes]
quinze minutes	**piecpadsmit minūtes** [piɛtspadsmit minu:tes]
vingt minutes	**divdesmit minūtes** [divdesmit minu:tes]
une demi-heure	**pusstundu** [pustundu]

Hôtel

Bonjour.	**Sveicināti.** [svɛitsina:ti.]
Je m'appelle ...	**Mani sauc ...** [mani sauts ...]
J'ai réservé une chambre.	**Man ir rezervēts numurs.** [man ir rɛzerve:ts numurs.]

Je voudrais ...	**Man vajag ...** [man vajag ...]
une chambre simple	**vienvietīgu numuru** [viɛnviɛti:gu numuru]
une chambre double	**divvietīgu numuru** [divviɛti:gu numuru]
C'est combien?	**Cik tas maksā?** [tsik tas maksa:?]
C'est un peu cher.	**Tas ir nedaudz par dārgu.** [tas ir nɛdaudz par da:rgu.]

Avez-vous autre chose?	**Vai jums ir vēl kaut kas?** [vai jums ir ve:l kaut kas?]
Je vais la prendre.	**Es to ņemšu.** [es tɔ ɲemʃu.]
Je vais payer comptant.	**Es maksāšu skaidrā naudā.** [es maksa:ʃu skaidra: nauda:.]

J'ai un problème.	**Man ir problēma.** [man ir problɛ:ma.]
Mon ... est cassé /Ma ... est cassée/	**Mans /mana/ ... ir saplīsis /saplīsusi/.** [mans /mana/ ... ir sapli:sis /sapli:susi/.]
Mon /Ma/ ... ne fonctionne pas.	**Mans /mana/ ... nestrādā.** [mans /mana/ ... nestra:da:.]
télé	**televīzors** [tɛlevi:zɔrs]
air conditionné	**gaisa kondicionieris** [gaisa kɔnditsiɔniɛris]
robinet	**krāns** [kra:ns]

douche	**duša** [duʃa]
évier	**izlietne** [izliɛtne]
coffre-fort	**seifs** [sɛifs]

serrure de porte	**slēdzene** [sle:dzɛne]
prise électrique	**rozete** [rɔzɛte]
sèche-cheveux	**fēns** [fe:ns]

Je n'ai pas …	**Man nav …** [man nav …]
d'eau	**ūdens** [u:dens]
de lumière	**gaismas** [gaismas]
d'électricité	**elektrības** [ɛlektri:bas]

Pouvez-vous me donner …?	**Vai variet man iedot …?** [vai variɛt man iɛdɔt …?]
une serviette	**dvieli** [dviɛli]
une couverture	**segu** [sɛgu]
des pantoufles	**čības** [tʃi:bas]
une robe de chambre	**halātu** [xala:tu]
du shampoing	**šampūnu** [ʃampu:nu]
du savon	**ziepes** [ziɛpes]

Je voudrais changer ma chambre.	**Es vēlos mainīt numuru.** [es ve:lɔs maini:t numuru.]
Je ne trouve pas ma clé.	**Es nevaru atrast savas atslēgas.** [es nɛvaru atrast savas atslɛ:gas.]
Pourriez-vous ouvrir ma chambre, s'il vous plaît?	**Vai variet atvērt manu numuru, lūdzu.** [vai variɛt atve:rt manu numuru, lu:dzu.]
Qui est là?	**Kas tur ir?** [kas tur ir?]
Entrez!	**Ienāciet!** [iɛna:tsiɛt!]
Une minute!	**Vienu minūti!** [viɛnu minu:ti!]
Pas maintenant, s'il vous plaît.	**Lūdzu, ne tagad.** [lu:dzu, ne tagad.]

Pouvez-vous venir à ma chambre, s'il vous plaît.	**Ienāciet pie manis, lūdzu.** [iɛna:tsiɛt piɛ manis, lu:dzu.]
J'aimerais avoir le service d'étage.	**Es vēlos pasūtīt ēdienu numurā.** [es ve:lɔs pasu:ti:t e:diɛnu numura:.]
Mon numéro de chambre est le …	**Mans istabas numurs ir …** [mans istabas numurs ir …]

Je pars ...	**Es aizbraucu ...** [es aizbrautsu ...]
Nous partons ...	**Mēs aizbraucam ...** [me:s aizbrautsam ...]
maintenant	**tagad** [tagad]
cet après-midi	**šo pēcpusdien** [ʃɔ pe:tspusdiɛn]
ce soir	**šovakar** [ʃɔvakar]
demain	**rīt** [ri:t]
demain matin	**rīt no rīta** [ri:t nɔ ri:ta]
demain après-midi	**rītvakar** [ri:tvakar]
après-demain	**parīt** [pari:t]

Je voudrais régler mon compte.	**Es vēlos norēķināties.** [es ve:lɔs nɔre:tʲina:tiɛs.]
Tout était merveilleux.	**Viss bija lieliski.** [vis bija liɛliski.]
Où puis-je trouver un taxi?	**Kur es varu dabūt taksometru?** [kur es varu dabu:t taksɔmetru?]
Pourriez-vous m'appeler un taxi, s'il vous plaît?	**Lūdzu, izsauciet man man taksometru?** [lu:dzu, izsautsiɛt man man taksɔmetru?]

Restaurant

Puis-je voir le menu, s'il vous plaît?	**Vai varu apskatīt ēdienkarti?** [vai varu apskati:t e:diɛnkarti?]
Une table pour une personne.	**Galdiņu vienam.** [galdiɳu viɛnam.]
Nous sommes deux (trois, quatre).	**Mēs esam divi (trīs, četri)** [me:s ɛsam divi]
Fumeurs	**Smēķētājiem** [smɛ:tʲɛ:ta:jiɛm]
Non-fumeurs	**Nesmēķētājiem** [nesmɛ:tʲɛ:ta:jiɛm]
S'il vous plaît!	**Atvainojiet!** [atvainɔjiɛt!]
menu	**ēdienkarte** [e:diɛnkarte]
carte des vins	**vīna karte** [vi:na karte]
Le menu, s'il vous plaît.	**Ēdienkarti, lūdzu.** [e:diɛnkarti, lu:dzu.]
Êtes-vous prêts à commander?	**Vai esat gatavi pasūtīt?** [vai ɛsat gatavi pasu:ti:t?]
Qu'allez-vous prendre?	**Ko pasūtīsiet?** [kɔ pasu:ti:siɛt?]
Je vais prendre ...	**Man ...** [man ...]
Je suis végétarien.	**Es esmu veģetārietis /veģetāriete/ ...** [es esmu vɛdʲɛta:riɛtis /vɛdʲɛta:riɛte/ ...]
viande	**gaļa** [galʲa]
poisson	**zivs** [zivs]
légumes	**dārzeņi** [da:rzeɳi]
Avez-vous des plats végétariens?	**Vai jums ir veģetārie ēdieni?** [vai jums ir vɛdʲɛta:riɛ e:diɛni?]
Je ne mange pas de porc.	**Es neēdu cūkgaļu.** [es neɛ:du tsu:kgalʲu.]
Il /elle/ ne mange pas de viande.	**Viņš /viņa/ neēd gaļu.** [viɲʃ /viɳa/ nee:d galʲu.]
Je suis allergique à ...	**Man ir alerģija pret ...** [man ir alerdʲija pret ...]

Pourriez-vous m'apporter ..., s'il vous plaît.	**Vai, atnesīsiet man ..., lūdzu?** [vai, atnesi:siɛt man ..., lu:dzu?]
le sel | le poivre | du sucre	**sāls | pipari | cukurs** [sa:ls | pipari | tsukurs]
un café | un thé | un dessert	**kafija | tēja | deserts** [kafija | te:ja | dɛserts]
de l'eau | gazeuse | plate	**ūdens | gāzēts | negāzēts** [u:dens | ga:ze:ts | nɛga:ze:ts]
une cuillère | une fourchette | un couteau	**karote | dakša | nazis** [karɔte | dakʃa | nazis]
une assiette | une serviette	**šķīvis | salvete** [ʃc̨i:vis | salvɛte]

Bon appétit!	**Labu apetīti!** [labu apeti:ti!]
Un de plus, s'il vous plaît.	**Atnesiet vēl, lūdzu.** [atnesiɛt ve:l, lu:dzu.]
C'était délicieux.	**Bija ļoti garšīgi.** [bija lʲoti garʃi:gi.]

l'addition | de la monnaie | le pourboire	**čeks | atlikums | dzeramnauda** [re:tʲins | atlikums | dzɛramnauda]
L'addition, s'il vous plaît.	**Rēķinu, lūdzu.** [re:tʲinu, lu:dzu.]
Puis-je payer avec la carte?	**Vai varu samaksāt ar karti?** [vai varu samaksa:t ar karti?]
Excusez-moi, je crois qu'il y a une erreur ici.	**Atvainojiet, šeit ir kļūda.** [atvainɔjiɛt, ʃeit ir klʲu:da.]

Shopping. Faire les Magasins

Est-ce que je peux vous aider?

Kā es varu jums palīdzēt?
[ka: es varu jums pali:dze:t?]

Avez-vous ... ?

Vai jums ir ...?
[vai jums ir ...?]

Je cherche ...

Es meklēju ...
[es mekle:ju ...]

Il me faut ...

Man vajag ...
[man vajag ...]

Je regarde seulement, merci.

Es tikai skatos.
[es tikai skatɔs.]

Nous regardons seulement, merci.

Mēs tikai skatāmies.
[me:s tikai skata:miɛs.]

Je reviendrai plus tard.

Es ienākšu vēlāk.
[es iɛna:kʃu vɛ:la:k.]

On reviendra plus tard.

Mēs ienāksim vēlāk.
[me:s iɛna:ksim vɛ:la:k.]

Rabais | Soldes

atlaides | izpārdošana
[atlaides | izpa:rdɔʃana]

Montrez-moi, s'il vous plaît ...

Vai parādīsiet man, lūdzu, ...
[vai para:di:siɛt man, lu:dzu, ...]

Donnez-moi, s'il vous plaît ...

Vai iedosiet man, lūdzu, ...
[vai iɛdɔsiɛt man, lu:dzu, ...]

Est-ce que je peux l'essayer?

Vai drīkstu pielaikot?
[vai dri:kstu piɛlaikɔt?]

Excusez-moi, où est la cabine d'essayage?

Atvainojiet, kur ir pielaikošanas kabīne?
[atvainɔjiɛt, kur ir piɛlaikoʃanas kabi:ne?]

Quelle couleur aimeriez-vous?

Kādu krāsu vēlaties?
[ka:du kra:su vɛ:latiɛs?]

taille | longueur

izmērs | augums
[izmɛ:rs | augums]

Est-ce que la taille convient ?

Vai der?
[vai der?]

Combien ça coûte?

Cik tas maksā?
[tsik tas maksa:?]

C'est trop cher.

Tas ir par dārgu.
[tas ir par da:rgu.]

Je vais le prendre.

Es to ņemšu.
[es tɔ ɲemʃu.]

Excusez-moi, où est la caisse?	**Atvainojiet, kur es varu samaksāt?** [atvainɔjiɛt, kur es varu samaksa:t?]
Payerez-vous comptant ou par carte de crédit?	**Vai maksāsiet skaidrā naudā vai ar karti?** [vai maksa:siɛt skaidra: nauda: vai ar karti?]
Comptant | par carte de crédit	**Skaidrā naudā | ar karti** [skaidra: nauda: | ar karti]

Voulez-vous un reçu?	**Vai jums vajag čeku?** [vai jums vajag tʃɛku?]
Oui, s'il vous plaît.	**Jā, lūdzu.** [ja:, lu:dzu.]
Non, ce n'est pas nécessaire.	**Nē, paldies.** [ne:, paldiɛs.]
Merci. Bonne journée!	**Paldies. Visu labu!** [paldiɛs. visu labu!]

En ville

Excusez-moi, ...	**Atvainojiet, lūdzu ...** [atvainɔjiɛt, lu:dzu ...]
Je cherche ...	**Es meklēju ...** [es mekle:ju ...]

le métro	**metro** [metrɔ]
mon hôtel	**savu viesnīcu** [savu viɛsni:tsu]
le cinéma	**kinoteātri** [kinɔtea:tri]
un arrêt de taxi	**taksometra pieturu** [taksɔmetra piɛturu]

un distributeur	**bankomātu** [bankɔma:tu]
un bureau de change	**valūtas maiņas punktu** [valu:tas maiņas punktu]
un café internet	**interneta kafejnīcu** [internɛta kafejni:tsu]
la rue ...	**... ielu** [... iɛlu]
cette place-ci	**šo vietu** [ʃɔ viɛtu]

Savez-vous où se trouve ...?	**Vai jūs ziniet, kur atrodas ...?** [vai ju:s ziniɛt, kur atrɔdas ...?]
Quelle est cette rue?	**Kā sauc šo ielu?** [ka: sauts ʃɔ iɛlu?]
Montrez-moi où sommes-nous, s'il vous plaît.	**Parādiet, kur mēs tagad atrodamies?** [para:diɛt, kur me:s tagad atrɔdamiɛs?]

Est-ce que je peux y aller à pied?	**Vai es aiziešu ar kājām?** [vai es aiziɛʃu ar ka:ja:m?]
Avez-vous une carte de la ville?	**Vai jums ir šīs pilsētas karte?** [vai jums ir ʃi:s pilsɛ:tas karte?]

C'est combien pour un ticket?	**Cik maksā ieejas biļete?** [tsik maksa: iɛejas biļɛte?]
Est-ce que je peux faire des photos?	**Vai šeit drīkst fotografēt?** [vai ʃɛit dri:kst fotɔgrafe:t?]
Êtes-vous ouvert?	**Vai esat atvērti?** [vai ɛsat atve:rti?]

À quelle heure ouvrez-vous? **Cikos jūs atverieties?**
[tsikɔs juːs atveriɛtiɛs?]

À quelle heure fermez-vous? **Līdz cikiem jūs strādājiet?**
[liːdz tsikiɛm juːs straːdaːjiɛt?]

L'argent

argent	**nauda** [nauda]
argent liquide	**skaidra nauda** [skaidra nauda]
des billets	**papīra nauda** [papi:ra nauda]
petite monnaie	**sīknauda** [si:knauda]
l'addition | de la monnaie | le pourboire	**čeks | atlikums | dzeramnauda** [re:t'ins | atlikums | dzɛramnauda]
carte de crédit	**kredītkarte** [kredi:tkarte]
portefeuille	**maks** [maku]
acheter	**pirkt** [pirkt]
payer	**maksāt** [maksa:t]
amende	**sods** [sɔds]
gratuit	**bez maksas** [bez maksas]
Où puis-je acheter ... ?	**Kur es varu nopirkt ...?** [kur es varu nɔpirkt ...?]
Est-ce que la banque est ouverte en ce moment?	**Vai tagad banka ir atvērta?** [vai tagad banka ir atvɛ:rta?]
À quelle heure ouvre-t-elle?	**No cikiem tā ir atvērta?** [nɔ tsikiɛm ta: ir atvɛ:rta?]
À quelle heure ferme-t-elle?	**Līdz cikiem tā strādā?** [li:dz tsikiɛm ta: stra:da:?]
C'est combien?	**Cik maksā?** [tsik maksa:?]
Combien ça coûte?	**Cik tas maksā?** [tsik tas maksa:?]
C'est trop cher.	**Tas ir par dārgu.** [tas ir par da:rgu.]
Excusez-moi, où est la caisse?	**Atvainojiet, kur es varu samaksāt?** [atvainɔjiɛt, kur es varu samaksa:t?]
L'addition, s'il vous plaît.	**Rēķinu, lūdzu.** [re:t'inu, lu:dzu.]

Puis-je payer avec la carte?

Vai varu samaksāt ar karti?
[vai varu samaksa:t ar karti?]

Est-ce qu'il y a un distributeur ici?

Vai šeit ir bankomāts?
[vai ʃɛit ir bankɔma:ts?]

Je cherche un distributeur.

Es meklēju bankomātu.
[es mekle:ju bankɔma:tu.]

Je cherche un bureau de change.

Es meklēju valūtas maiņas punktu.
[es mekle:ju valu:tas maiņas punktu.]

Je voudrais changer ...

Es vēlos samainīt ...
[es ve:lɔs samaini:t ...]

Quel est le taux de change?

Kāds ir valūtas kurss?
[ka:ds ir valu:tas kurs?]

Avez-vous besoin de mon passeport?

Vai jums vajag manu pasi?
[vai jums vajag manu pasi?]

Le temps

Quelle heure est-il?	**Cik pulkstens?** [tsik pulkstens?]
Quand?	**Kad?** [kad?]
À quelle heure?	**Cikos?** [tsikɔs?]
maintenant | plus tard | après ...	**tagad | vēlāk | pēc ...** [tagad | vɛːlaːk | peːts ...]

une heure	**pulkstens viens** [pulkstens viɛns]
une heure et quart	**piecpadsmit pāri vieniem** [piɛtspadsmit paːri viɛniɛm]
une heure et demie	**pusdivi** [pusdivi]
deux heures moins quart	**bez piecpadsmt divi** [bez piɛtspadsmt divi]

un | deux | trois	**viens | divi | trīs** [viɛns | divi | triːs]
quatre | cinq | six	**četri | pieci | seši** [tʃetri | piɛtsi | seʃi]
sept | huit | neuf	**septiņi | astoņi | deviņi** [septiɲi | astɔɲi | deviɲi]
dix | onze | douze	**desmit | vienpadsmit | divpadsmit** [desmit | viɛnpadsmit | divpadsmit]

dans ...	**pēc ...** [peːts ...]
cinq minutes	**piecām minūtēm** [piɛtsaːm minuːteːm]
dix minutes	**desmit minūtēm** [desmit minuːteːm]
quinze minutes	**piecpadsmit minūtēm** [piɛtspadsmit minuːteːm]
vingt minutes	**divdesmit minūtēm** [divdesmit minuːteːm]

une demi-heure	**pusstundas** [pustundas]
une heure	**stundas** [stundas]
dans la matinée	**no rīta** [nɔ riːta]

tôt le matin	**agri no rīta** [agri nɔ ri:ta]
ce matin	**šorīt** [ʃori:t]
demain matin	**rīt no rīta** [ri:t nɔ ri:ta]

à midi	**pusdienlaikā** [pusdiɛnlaika:]
dans l'après-midi	**pēcpusdienā** [pe:tspusdiɛna:]
dans la soirée	**vakarā** [vakara:]
ce soir	**šovakar** [ʃovakar]

la nuit	**naktī** [nakti:]
hier	**vakar** [vakar]
aujourd'hui	**šodien** [ʃodiɛn]
demain	**rīt** [ri:t]
après-demain	**parīt** [pari:t]

Quel jour sommes-nous aujourd'hui?	**Kas šodien par dienu?** [kas ʃodiɛn par diɛnu?]
Nous sommes ...	**Šodien ir ...** [ʃodiɛn ir ...]
lundi	**Pirmdiena** [pirmdiɛna]
mardi	**Otrdiena** [ɔtrdiɛna]
mercredi	**Trešdiena** [treʃdiɛna]

jeudi	**Ceturtdiena** [tsɛturtdiɛna]
vendredi	**Piektdiena** [piɛktdiɛna]
samedi	**Sestdiena** [sestdiɛna]
dimanche	**Svētdiena** [sve:tdiɛna]

Salutations - Introductions

Bonjour.

Sveicināti.
[svɛitsina:ti.]

Enchanté /Enchantée/

Priecājos ar jums iepazīties.
[priɛtsa:jɔs ar jums iɛpazi:tiɛs.]

Moi aussi.

Es arī.
[es ari:.]

Je voudrais vous présenter ...

Es vēlos jūs iepazīstināt ar ...
[es ve:lɔs ju:s iɛpazi:stina:t ar ...]

Ravi /Ravie/ de vous rencontrer.

Ļoti patīkami.
[ʎɔti pati:kami.]

Comment allez-vous?

Kā jums klājas?
[ka: jums kla:jas?]

Je m'appelle ...

Mani sauc ...
[mani sauts ...]

Il s'appelle ...

Viņu sauc ...
[viɲu sauts ...]

Elle s'appelle ...

Viņu sauc ...
[viɲu sauts ...]

Comment vous appelez-vous?

Kā jūs sauc?
[ka: ju:s sauts?]

Quel est son nom?

Kā viņu sauc?
[ka: viɲu sauts?]

Quel est son nom?

Kā viņu sauc?
[ka: viɲu sauts?]

Quel est votre nom de famille?

Kāds ir jūsu uzvārds?
[ka:ds ir ju:su uzva:rds?]

Vous pouvez m'appeler ...

Sauciet mani ...
[sautsiɛt mani ...]

D'où êtes-vous?

No kurienes jūs esat?
[nɔ kuriɛnes ju:s ɛsat?]

Je suis de ...

Esmu no ...
[ɛsmu nɔ ...]

Qu'est-ce que vous faites dans la vie?

Kāda ir jūsu nodarbošanās?
[ka:da ir ju:su nɔdarbɔʃana:s?]

Qui est-ce?

Kas tas /tā/ ir?
[kas tas /ta:/ ir?]

Qui est-il?

Kas viņš ir?
[kas viɲʃ ir?]

Qui est-elle?

Kas viņa ir?
[kas viɲa ir?]

Qui sont-ils?	**Kas viņi /viņas/ ir?** [kas viņi /viņas/ ir?]
C'est ...	**Tas /tā/ ir ...** [tas /ta:/ ir ...]
mon ami	**mans draugs** [mans draugs]
mon amie	**mana draudzene** [mana draudzɛne]
mon mari	**mans vīrs** [mans vi:rs]
ma femme	**mana sieva** [mana siɛva]
mon père	**mans tēvs** [mans te:vs]
ma mère	**mana māte** [mana ma:te]
mon frère	**mans brālis** [mans bra:lis]
ma sœur	**mana māsa** [mana ma:sa]
mon fils	**mans dēls** [mans dɛ:ls]
ma fille	**mana meita** [mana mɛita]
C'est notre fils.	**Šis ir mūsu dēls.** [ʃis ir mu:su dɛ:ls.]
C'est notre fille.	**Šī ir mūsu meita.** [ʃi: ir mu:su mɛita.]
Ce sont mes enfants.	**Šie ir mani bērni.** [ʃiɛ ir mani be:rni.]
Ce sont nos enfants.	**Šie ir mūsu bērni.** [ʃiɛ ir mu:su be:rni.]

Les adieux

Au revoir!

Uz redzēšanos!
[uz redze:ʃanɔs!]

Salut!

Atā!
[ata:!]

À demain.

Līdz rītam.
[li:dz ri:tam.]

À bientôt.

Uz tikšanos.
[uz tikʃanɔs.]

On se revoit à sept heures.

Tiekamies septiņos.
[tiɛkamies septiɲɔs.]

Amusez-vous bien!

Izpriecājaties!
[izpriɛtsa:jatiɛs!]

On se voit plus tard.

Parunāsim vēlāk.
[paruna:sim vɛ:la:k.]

Bonne fin de semaine.

Lai tev laba nedēļas nogale.
[lai tev laba nɛdɛ:lʲas nɔgale.]

Bonne nuit.

Arlabunakt.
[arlabunakt.]

Il est l'heure que je parte.

Man laiks doties.
[man laiks dotiɛs.]

Je dois m'en aller.

Man jāiet.
[man ja:iɛt.]

Je reviens tout de suite.

Es tūlīt būšu atpakaļ.
[es tu:li:t bu:ʃu atpakalʲ.]

Il est tard.

Jau vēls.
[jau vɛ:ls.]

Je dois me lever tôt.

Man agri jāceļas.
[man agri ja:tsɛlʲas.]

Je pars demain.

Es rīt aizbraucu.
[es ri:t aizbrautsu.]

Nous partons demain.

Mēs rīt aizbraucam.
[me:s ri:t aizbrautsam.]

Bon voyage!

Laimīgu ceļojumu!
[laimi:gu tselʲɔjumu!]

Enchanté de faire votre connaissance.

Bija prieks ar jums iepazīties.
[bija priɛks ar jums iɛpazi:tiɛs.]

Heureux /Heureuse/ d'avoir parlé avec vous.

Bija prieks ar jums sarunāties.
[bija priɛks ar jums saruna:tiɛs.]

Merci pour tout.

Paldies par visu.
[paldies par visu.]

Je me suis vraiment amusé /amusée/	**Es patīkami pavadīju laiku.** [es pati:kami pavadi:ju laiku.]
Nous nous sommes vraiment amusés /amusées/	**Mēs patīkami pavadījām laiku.** [me:s pati:kami pavadi:ja:m laiku.]
C'était vraiment plaisant.	**Viss bija lieliski.** [vis bija liɛliski.]
Vous allez me manquer.	**Man jūs pietrūks.** [man ju:s piɛtru:ks.]
Vous allez nous manquer.	**Mums jūs pietrūks.** [mums ju:s piɛtru:ks.]

Bonne chance!	**Lai veicas!** [lai vɛitsas!]
Mes salutations à ...	**Pasveiciniet ...** [pasvɛitsiniɛt ...]

Une langue étrangère

Je ne comprends pas.	**Es nesaprotu.** [es nɛsaprɔtu.]
Écrivez-le, s'il vous plaît.	**Lūdzu, uzrakstiet to.** [luːdzu, uzrakstiɛt tɔ.]
Parlez-vous ...?	**Vai jūs runājat ...?** [vai juːs runaːjat ...?]

Je parle un peu ...	**Es nedaudz protu ...** [es nɛdaudz prɔtu ...]
anglais	**angļu valodu** [aŋɡlʲu valɔdu]
turc	**turku valodu** [turku valɔdu]
arabe	**arābu valodu** [araːbu valɔdu]
français	**franču valodu** [frantʃu valɔdu]

allemand	**vācu valodu** [vaːtsu valɔdu]
italien	**itāļu valodu** [itaːlʲu valɔdu]
espagnol	**spāņu valodu** [spaːɲu valɔdu]
portugais	**portugāļu valodu** [pɔrtugaːlʲu valɔdu]
chinois	**ķīniešu valodu** [tʲiːniɛʃu valɔdu]
japonais	**japāņu valodu** [japaːɲu valɔdu]

Pouvez-vous le répéter, s'il vous plaît.	**Lūdzu, atkārtojiet.** [luːdzu, atkaːrtɔjiɛt.]
Je comprends.	**Es saprotu.** [es saprɔtu.]
Je ne comprends pas.	**Es nesaprotu.** [es nɛsaprɔtu.]
Parlez plus lentement, s'il vous plaît.	**Lūdzu, runājiet lēnāk.** [luːdzu, runaːjiɛt lɛːnaːk.]

Est-ce que c'est correct?	**Vai pareizi?** [vai parɛizi?]
Qu'est-ce que c'est?	**Kas tas ir?** [kas tas ir?]

Les excuses

Excusez-moi, s'il vous plaît.	**Atvainojiet, lūdzu.** [atvainɔjiɛt, lu:dzu.]
Je suis désolé /désolée/	**Man žēl.** [man ʒeːl.]
Je suis vraiment /désolée/	**Man ļoti žēl.** [man ʎɔti ʒeːl.]
Désolé /Désolée/, c'est ma faute.	**Atvainojiet, tā ir mana vaina.** [atvainɔjiɛt, ta: ir mana vaina.]
Au temps pour moi.	**Mana kļūda.** [mana kʎu:da.]

Puis-je ... ?	**Vai drīkstu ...?** [vai dri:kstu ...?]
Ça vous dérange si je ...?	**Vai jums nav nekas pretī, ja es ...?** [vai jums nav nɛkas preti:, ja es ...?]
Ce n'est pas grave.	**Tas nekas.** [tas nɛkas.]
Ça va.	**Viss kārtībā.** [vis ka:rti:ba:.]
Ne vous inquiétez pas.	**Neuztraucieties.** [nɛuztrautsiɛtiɛs.]

Les accords

Oui	**Jā.** [ja:.]
Oui, bien sûr.	**Jā, protams.** [ja:, prɔtams.]
Bien.	**Labi!** [labi!]
Très bien.	**Ļoti labi.** [lʲɔti labi.]
Bien sûr!	**Protams!** [prɔtams!]
Je suis d'accord.	**Es piekrītu.** [es piɛkri:tu.]
C'est correct.	**Taisnība.** [taisni:ba.]
C'est exact.	**Pareizi.** [parɛizi.]
Vous avez raison.	**Jums taisnība.** [jums taisni:ba.]
Je ne suis pas contre.	**Man nav iebildumu.** [man nav iɛbildumu.]
Tout à fait correct.	**Pilnīgi pareizi.** [pilni:gi parɛizi.]
C'est possible.	**Tas ir iespējams.** [tas ir iɛspe:jams.]
C'est une bonne idée.	**Tā ir laba doma.** [ta: ir laba dɔma.]
Je ne peux pas dire non.	**Es nevaru atteikt.** [es nɛvaru attɛikt.]
J'en serai ravi /ravie/	**Priecāšos.** [priɛtsa:ʃɔs.]
Avec plaisir.	**Ar prieku.** [ar priɛku.]

Refus, exprimer le doute

Non	**Nē.** [ne:.]
Absolument pas.	**Noteikti, nē.** [nɔtɛikti, ne:.]
Je ne suis pas d'accord.	**Es nepiekrītu.** [es nepiɛkri:tu.]
Je ne le crois pas.	**Es tā nedomāju.** [es ta: nedɔma:ju.]
Ce n'est pas vrai.	**Tā nav taisnība.** [ta: nav taisni:ba.]
Vous avez tort.	**Jums nav taisnība.** [jums nav taisni:ba.]
Je pense que vous avez tort.	**Es domāju, jums nav taisnība.** [es dɔma:ju, jums nav taisni:ba.]
Je ne suis pas sûr /sûre/	**Neesmu drošs.** [neesmu drɔʃs.]
C'est impossible.	**Tas nav iespējams.** [tas nav iɛspe:jams.]
Pas du tout!	**Nekas tamlīdzīgs.** [nɛkas tamli:dzi:gs.]
Au contraire!	**Tieši pretēji.** [tiɛʃi prɛte:ji.]
Je suis contre.	**Esmu pret.** [ɛsmu pret.]
Ça m'est égal.	**Man vienalga.** [man viɛnalga.]
Je n'ai aucune idée.	**Man nav ne jausmas.** [man nav ne jausmas.]
Je doute que cela soit ainsi.	**Šaubos, ka tas tā ir.** [ʃaubɔs, ka tas ta: ir.]
Désolé /Désolée/, je ne peux pas.	**Atvainojiet, es nevaru.** [atvainɔjiɛt, es nɛvaru.]
Désolé /Désolée/, je ne veux pas.	**Atvainojiet, es negribu.** [atvainɔjiɛt, es negribu.]
Merci, mais ça ne m'intéresse pas.	**Paldies, bet man tas nav vajadzīgs.** [paldiɛs, bet man tas nav vajadzi:gs.]
Il se fait tard.	**Jau vēls.** [jau vɛ:ls.]

Je dois me lever tôt.	**Man agri jāceļas.** [man agri jaːtsɛlʲas.]
Je ne me sens pas bien.	**Man ir slikti.** [man ir slikti.]

Exprimer la gratitude

Merci. **Paldies.**
[paldiɛs.]

Merci beaucoup. **Liels paldies.**
[liɛls paldiɛs.]

Je l'apprécie beaucoup. **Esmu ļoti pateicīgs /pateicīga/.**
[ɛsmu ļʲɔti patɛitsi:gs /patɛitsi:ga/.]

Je vous suis très reconnaissant. **Es pateicos jums.**
[es patɛitsɔs jums.]

Nous vous sommes très reconnaissant. **Mēs pateicamies jums.**
[me:s patɛitsamies jums.]

Merci pour votre temps. **Paldies, ka veltījāt laiku.**
[paldiɛs, ka velti:ja:t laiku.]

Merci pour tout. **Paldies par visu.**
[paldies par visu.]

Merci pour ... **Paldies par ...**
[paldies par ...]

votre aide **palīdzību**
[pali:dzi:bu]

les bons moments passés **labi pavadītu laiku**
[labi pavadi:tu laiku]

un repas merveilleux **brīnišķīgu maltīti**
[bri:niʃʲ'i:gu malti:ti]

cette agréable soirée **patīkamu vakaru**
[pati:kamu vakaru]

cette merveilleuse journée **lielisku dienu**
[liɛlisku diɛnu]

une excursion extraordinaire **pārsteidzošo braucienu**
[pa:rstɛidzɔʃɔ brautsiɛnu]

Il n'y a pas de quoi. **Nav par ko.**
[nav par kɔ.]

Vous êtes les bienvenus. **Nav vērts pieminēt.**
[nav ve:rts piɛmine:t.]

Mon plaisir. **Jebkurā laikā.**
[jebkura: laika:.]

J'ai été heureux /heureuse/ **Bija prieks palīdzēt.**
de vous aider. [bija priɛks pali:dze:t.]

Ça va. N'y pensez plus. **Aizmirstiet. Viss kārtībā.**
[aizmirstiɛt. vis ka:rti:ba:.]

Ne vous inquiétez pas. **Neuztraucieties.**
[nɛuztrautsiɛtiɛs.]

Félicitations. Vœux de fête

Félicitations!	**Apsveicu!** [apsvɛitsu!]
Joyeux anniversaire!	**Daudz laimes dzimšanas dienā!** [daudz laimes dzimʃanas diɛna:!]
Joyeux Noël!	**Priecīgus Ziemassvētkus!** [priɛtsi:gus ziɛmasve:tkus!]
Bonne Année!	**Laimīgu Jauno gadu!** [laimi:gu jaunɔ gadu!]
Joyeuses Pâques!	**Priecīgas Lieldienas!** [priɛtsi:gas liɛldiɛnas!]
Joyeux Hanoukka!	**Priecīgu Hanuku!** [priɛtsi:gu xanuku!]
Je voudrais proposer un toast.	**Es vēlos teikt tostu.** [es ve:lɔs tɛikt tɔstu.]
Santé!	**Priekā!** [priɛka:!]
Buvons à …!	**Uz … veselību!** [uz … vɛseli:bu!]
À notre succès!	**Par mūsu panākumiem!** [par mu:su pana:kumiɛm!]
À votre succès!	**Par jūsu panākumiem!** [par ju:su pana:kumiɛm!]
Bonne chance!	**Lai veicas!** [lai vɛitsas!]
Bonne journée!	**Lai jums jauka diena!** [lai jums jauka diɛna!]
Passez de bonnes vacances !	**Lai jums labas brīvdienas!** [lai jums labas bri:vdiɛnas!]
Bon voyage!	**Lai jums veiksmīgs ceļojums!** [lai jums vɛiksmi:gs tsel'ɔjums!]
Rétablissez-vous vite.	**Novēlu jums ātru atveseļošanos!** [nɔvɛ:lu jums a:tru atvɛsel'ɔʃanɔs!]

Socialiser

Pourquoi êtes-vous si triste?	**Kāpēc jūs esat noskumis /noskumusi/?** [ka:pe:ts ju:s ɛsat nɔskumis /nɔskumusi/?]
Souriez!	**Pasmaidiet!** [pasmaidiɛt!]
Êtes-vous libre ce soir?	**Vai esat aizņemts /aizņemta/ šovakar?** [vai ɛsat aizņemts /aizņemta/ ʃovakar?]

Puis-je vous offrir un verre?	**Vai drīkstu jums uzsaukt dzērienu?** [vai dri:kstu jums uzsaukt dze:riɛnu?]
Voulez-vous danser?	**Vai vēlaties padejot?** [vai vɛ:laties padejɔt?]
Et si on va au cinéma?	**Varbūt aizejam uz kino?** [varbu:t aizejam uz kinɔ?]

Puis-je vous inviter ...	**Vai drīkstu jūs aicināt uz ...?** [vai dri:kstu ju:s aitsina:t uz ...?]
au restaurant	**restorānu** [restɔra:nu]
au cinéma	**kino** [kinɔ]
au théâtre	**teātri** [tea:tri]
pour une promenade	**pastaigu** [pastaigu]

À quelle heure?	**Cikos?** [tsikɔs?]
ce soir	**šovakar** [ʃovakar]
à six heures	**sešos** [seʃɔs]
à sept heures	**septiņos** [septiņɔs]
à huit heures	**astošos** [astɔʃɔs]
à neuf heures	**deviņos** [deviņɔs]

Est-ce que vous aimez cet endroit?	**Vai jums te patīk?** [vai jums te pati:k?]
Êtes-vous ici avec quelqu'un?	**Vai jūs esat šeit ar kādu?** [vai ju:s ɛsat ʃɛit ar ka:du?]

Je suis avec mon ami.

Esmu ar draugu /draudzeni/.
[ɛsmu ar draugu /draudzeni/.]

Je suis avec mes amis.

Esmu ar saviem draugiem.
[ɛsmu ar saviɛm draugiɛm.]

Non, je suis seul /seule/

Nē, esmu viens /viena/.
[ne:, esmu viɛns /viɛna/.]

As-tu un copain?

Vai jums ir puisis?
[vai jums ir puisis?]

J'ai un copain.

Man ir puisis.
[man ir puisis.]

As-tu une copine?

Vai jums ir meitene?
[vai jums ir mɛitɛne?]

J'ai une copine.

Man ir meitene,
[man ir mɛitɛne,]

Est-ce que je peux te revoir?

Vai mēs vēl tiksimies?
[vai me:s ve:l tiksimiɛs?]

Est-ce que je peux t'appeler?

Vai drīkstu tev piezvanīt?
[vai dri:kstu tev piɛzvani:t?]

Appelle-moi.

Piezvani man.
[piɛzvani man.]

Quel est ton numéro?

Kāds ir tavs numurs?
[ka:ds ir tavs numurs?]

Tu me manques.

Man tevis pietrūkst.
[man tevis piɛtru:kst.]

Vous avez un très beau nom.

Jums ir skaists vārds.
[jums ir skaists va:rds.]

Je t'aime.

Es tevi mīlu.
[es tevi mi:lu.]

Veux-tu te marier avec moi?

Vai precēsi mani.
[vai pretse:si mani.]

Vous plaisantez!

Jūs jokojat?
[ju:s jɔkɔjat?]

Je plaisante.

Es tikai jokoju.
[es tikai jɔkɔju.]

Êtes-vous sérieux /sérieuse/?

Vai jūs nopietni?
[vai ju:s nɔpiɛtni?]

Je suis sérieux /sérieuse/

Es runāju nopietni.
[es runa:ju nɔpiɛtni.]

Vraiment?!

Tiešām?!
[tiɛʃa:m?!]

C'est incroyable!

Tas ir neticami!
[tas ir netitsami!]

Je ne vous crois pas.

Es jums neticu!
[es jums netitsu!]

Je ne peux pas.

Es nevaru.
[es nɛvaru.]

Je ne sais pas.

Es nezinu.
[es nezinu.]

Je ne vous comprends pas	**Es jūs nesaprotu.** [es juːs nɛsaprɔtu.]
Laissez-moi! Allez-vous-en!	**Lūdzu, ejiet prom.** [luːdzu, ejiɛt prɔm.]
Laissez-moi tranquille!	**Atstājiet mani vienu!** [atstaːjiɛt mani viɛnu!]

Je ne le supporte pas.	**Es nevaru viņu ciest.** [es nɛvaru viņu tsiɛst.]
Vous êtes dégoûtant!	**Jūs esat pretīgs!** [juːs ɛsat pretiːgs!]
Je vais appeler la police!	**Es izsaukšu policīju!** [es izsaukʃu pɔlitsiːju!]

Partager des impressions. Émotions

J'aime ça.	**Man patīk.** [man pati:k.]
C'est gentil.	**Ļoti jauki.** [ļʲoti jauki.]
C'est super!	**Tas ir lieliski!** [tas ir liɛliski!]
C'est assez bien.	**Tas nav slikti.** [tas nav slikti.]

Je n'aime pas ça.	**Man nepatīk.** [man nɛpati:k.]
Ce n'est pas bien.	**Tas nav labi.** [tas nav labi.]
C'est mauvais.	**Tas ir slikti.** [tas ir slikti.]
Ce n'est pas bien du tout.	**Tas ir ļoti slikti.** [tas ir ļʲoti slikti.]
C'est dégoûtant.	**Tas ir pretīgi.** [tas ir preti:gi.]

Je suis content /contente/	**Esmu laimīgs /laimīga/.** [ɛsmu laimi:gs /laimi:ga/.]
Je suis heureux /heureuse/	**Esmu apmierināts /apmierināta/.** [ɛsmu apmiɛrina:ts /apmiɛrina:ta/.]
Je suis amoureux /amoureuse/	**Esmu iemīlējies /iemīlējusies/.** [ɛsmu iɛmi:le:jies /iɛmi:le:jusiɛs/.]
Je suis calme.	**Esmu mierīgs /mierīga/.** [ɛsmu miɛri:gs /miɛri:ga/.]
Je m'ennuie.	**Man ir garlaicīgi.** [man ir garlaitsi:gi.]

Je suis fatigué /fatiguée/	**Es esmu noguris /nogurusi/.** [es esmu nɔguris /nɔgurusi/.]
Je suis triste.	**Man ir skumji.** [man ir skumji.]
J'ai peur.	**Man ir bail.** [man ir bail.]

Je suis fâché /fâchée/	**Esmu dusmīgs /dusmīga/.** [ɛsmu dusmi:gs /dusmi:ga/.]
Je suis inquiet /inquiète/	**Esmu uztraucies /uztraukusies/.** [ɛsmu uztrautsies /uztraukusiɛs/.]
Je suis nerveux /nerveuse/	**Esmu nervozs /nervoza/.** [ɛsmu nervɔzs /nervɔza/.]

Je suis jaloux /jalouse/

Es apskaužu.
[es apskauʒu.]

Je suis surpris /surprise/

Esmu pārsteigts /pārsteigta/.
[ɛsmu pa:rstɛigts /pa:rstɛigta/.]

Je suis gêné /gênée/

Esmu apjucis /apjukusi/.
[ɛsmu apjutsis /apjukusi/.]

Problèmes. Accidents

J'ai un problème.	**Man ir problēma.** [man ir problɛ:ma.]
Nous avons un problème.	**Mums ir problēma.** [mums ir problɛ:ma.]

Je suis perdu /perdue/	**Esmu apmaldījies /apmaldījusies/.** [ɛsmu apmaldi:jies /apmaldi:jusiɛs/.]
J'ai manqué le dernier bus (train).	**Es nokavēju pēdējo autobusu (vilcienu).** [es nɔkave:ju pɛ:de:jɔ autɔbusu.]
Je n'ai plus d'argent.	**Man vairs nav naudas.** [man vairs nav naudas.]

J'ai perdu mon ...	**Es pazaudēju savu ...** [es pazaude:ju savu ...]
On m'a volé mon ...	**Kāds nozaga manu ...** [ka:ds nɔzaga manu ...]
passeport	**pasi** [pasi]
portefeuille	**maku** [maku]
papiers	**dokumentus** [dɔkumentus]
billet	**biļeti** [biļʲeti]

argent	**naudu** [naudu]
sac à main	**rokassomiņu** [rɔkasɔmiɳu]
appareil photo	**fotoaparātu** [fɔtɔapara:tu]
portable	**klēpjdatoru** [kle:pjdatɔru]
ma tablette	**planšetdatoru** [planʃetdatɔru]
mobile	**mobīlo telefonu** [mɔbi:lɔ tɛlefɔnu]

Au secours!	**Palīgā!** [pali:ga:!]
Qu'est-il arrivé?	**Kas noticis?** [kas nɔtitsis?]

un incendie	**ugunsgrēks**
	[ugunsgre:ks]
des coups de feu	**apšaude**
	[ʃauʃana]
un meurtre	**slepkavība**
	[slepkavi:ba]
une explosion	**sprādziens**
	[spra:dziɛns]
une bagarre	**kautiņš**
	[kautiɲʃ]

Appelez la police!	**Izauciet policīju!**
	[izautsiɛt politsi:ju!]
Dépêchez-vous, s'il vous plaît!	**Lūdzu, pasteidzieties!**
	[lu:dzu, pastɛidziɛtiɛs!]
Je cherche le commissariat de police.	**Es meklēju policījas iecirkni.**
	[es mekle:ju politsi:jas iɛtsirkni.]
Il me faut faire un appel.	**Man jāpezvana.**
	[man ja:pezvana.]
Puis-je utiliser votre téléphone?	**Vai drīkstu piezvanīt?**
	[vai dri:kstu piɛzvani:t?]

J'ai été ...	**Mani ...**
	[mani ...]
agressé /agressée/	**aplaupīja**
	[aplaupi:ja]
volé /volée/	**apzaga**
	[apzaga]
violée	**izvaroja**
	[izvarɔja]
attaqué /attaquée/	**piekāva**
	[piɛka:va]

Est-ce que ça va?	**Vai jums viss kārtībā?**
	[vai jums vis ka:rti:ba:?]
Avez-vous vu qui c'était?	**Vai jūs redzējāt, kurš tas bija?**
	[vai ju:s redze:ja:t, kurʃ tas bija?]
Pourriez-vous reconnaître cette personne?	**Vai jūs varēsiet viņu atpazīt?**
	[vai ju:s vare:siɛt viɲu atpazi:t?]
Vous êtes sûr?	**Vai esat drošs /droša/?**
	[vai ɛsat drɔʃs /drɔʃa/?]

Calmez-vous, s'il vous plaît.	**Lūdzu, nomierinieties.**
	[lu:dzu, nɔmiɛriniɛtiɛs.]
Calmez-vous!	**Mierīgāk!**
	[miɛri:ga:k!]
Ne vous inquiétez pas.	**Neuztraucieties!**
	[nɛuztrautsiɛtiɛs!]
Tout ira bien.	**Viss būs labi.**
	[vis bu:s labi.]
Ça va. Tout va bien.	**Viss kārtībā.**
	[vis ka:rti:ba:.]

Venez ici, s'il vous plaît.

J'ai des questions à vous poser.

Attendez un moment, s'il vous plaît.

Avez-vous une carte d'identité?

Merci. Vous pouvez partir maintenant.

Les mains derrière la tête!

Vous êtes arrêté!

Nāciet šurp, lūdzu.
[na:tsiɛt ʃurp, lu:dzu.]

Man jāuzdod jums daži jautājumi.
[man ja:uzdod jums daʒi jauta:jumi.]

Uzgaidiet, lūdzu.
[uzgaidiɛt, lu:dzu.]

Vai jums ir dokumenti?
[vai jums ir dɔkumenti?]

Paldies. Jūs variet iet.
[paldiɛs. ju:s variɛt iɛt.]

Rokas aiz galvas!
[rɔkas aiz galvas!]

Jūs esat arestēts /arestēta/!
[ju:s ɛsat areste:ts /arestɛ:ta/!]

Problèmes de santé

Aidez-moi, s'il vous plaît.	**Lūdzu, palīdziet.** [lu:dzu, pali:dziɛt.]
Je ne me sens pas bien.	**Man ir slikti.** [man ir slikti.]
Mon mari ne se sent pas bien.	**Manam vīram ir slikti.** [manam vi:ram ir slikti.]
Mon fils ...	**Manam dēlam ...** [manam dɛ:lam ...]
Mon père ...	**Manam tēvam ...** [manam tɛ:vam ...]

Ma femme ne se sent pas bien.	**Manai sievai ir slikti.** [manai siɛvai ir slikti.]
Ma fille ...	**Manai meitai ...** [manai mɛitai ...]
Ma mère ...	**Manai mātei ...** [manai ma:tɛi ...]

J'ai mal ...	**Man sāp ...** [man sa:p ...]
à la tête	**galva** [galva]
à la gorge	**kakls** [kakls]
à l'estomac	**vēders** [vɛ:dɛrs]
aux dents	**zobs** [zɔbs]

J'ai le vertige.	**Man reibst galva.** [man rɛibst galva.]
Il a de la fièvre.	**Viņam ir drudzis.** [viņam ir drudzis.]
Elle a de la fièvre.	**Viņai ir drudzis.** [viņai ir drudzis.]
Je ne peux pas respirer.	**Es nevaru paelpot.** [es nɛvaru paelpɔt.]

J'ai du mal à respirer.	**Man trūkst elpas.** [man tru:kst elpas.]
Je suis asthmatique.	**Man ir astma.** [man ir astma.]
Je suis diabétique.	**Man ir diabēts.** [man ir diabe:ts.]

Je ne peux pas dormir.	**Man ir bezmiegs.** [man ir bezmiɛgs.]
intoxication alimentaire	**saindēšanās ar ēdienu** [sainde:ʃana:s ar e:diɛnu]

Ça fait mal ici.	**Man sāp šeit.** [man sa:p ʃɛit.]
Aidez-moi!	**Palīgā!** [pali:ga:!]
Je suis ici!	**Es esmu šeit!** [es esmu ʃɛit!]
Nous sommes ici!	**Mēs esam šeit!** [me:s ɛsam ʃɛit!]
Sortez-moi d'ici!	**Daboniet mani arā no šejienes!** [dabɔniɛt mani ara: nɔ ʃejiɛnes!]
J'ai besoin d'un docteur.	**Man vajag ārstu.** [man vajag a:rstu.]
Je ne peux pas bouger!	**Es nevaru pakustēties.** [es nɛvaru pakuste:tiɛs.]
Je ne peux pas bouger mes jambes.	**Es nevaru pakustināt kājas.** [es nɛvaru pakustina:t ka:jas.]

Je suis blessé /blessée/	**Es esmu ievainots /ievainota/.** [es esmu iɛvainɔts /iɛvainɔta/.]
Est-ce que c'est sérieux?	**Vai kas nopietns?** [vai kas nɔpiɛtns?]
Mes papiers sont dans ma poche.	**Mani dokumenti ir kabatā.** [mani dɔkumenti ir kabata:.]
Calmez-vous!	**Nomierinieties!** [nɔmiɛriniɛtiɛs!]
Puis-je utiliser votre téléphone?	**Vai drīkstu piezvanīt?** [vai dri:kstu piɛzvani:t?]

Appelez une ambulance!	**Izsauciet ātro palīdzību!** [izsautsiɛt a:trɔ pali:dzi:bu!]
C'est urgent!	**Tas ir steidzami!** [tas ir stɛidzami!]
C'est une urgence!	**Tas ir ļoti steidzami!** [tas ir ļɔti stɛidzami!]
Dépêchez-vous, s'il vous plaît!	**Lūdzu, pasteidzieties!** [lu:dzu, pastɛidziɛtiɛs!]
Appelez le docteur, s'il vous plaît.	**Lūdzu, izsauciet ārstu!** [lu:dzu, izsautsiɛt a:rstu!]
Où est l'hôpital?	**Kur ir slimnīca?** [kur ir slimni:tsa?]

Comment vous sentez-vous?	**Kā jūs jūtaties** [ka: ju:s ju:tatiɛs]
Est-ce que ça va?	**Vai jums viss kārtībā?** [vai jums vis ka:rti:ba:?]
Qu'est-il arrivé?	**Kas noticis?** [kas nɔtitsis?]

Je me sens mieux maintenant.

Es jūtos labāk.
[es juːtɔs labaːk.]

Ça va. Tout va bien.

Viss kārtībā.
[vis kaːrtiːbaː.]

Ça va.

Viss ir labi.
[vis ir labi.]

À la pharmacie

pharmacie	**aptieka** [aptiɛka]
pharmacie 24 heures	**diennakts aptieka** [diɛnnakts aptiɛka]
Où se trouve la pharmacie la plus proche?	**Kur ir tuvākā aptieka?** [kur ir tuva:ka: aptiɛka?]
Est-elle ouverte en ce moment?	**Vai tagad tā ir atvērta.** [vai tagad ta: ir atve:rta.]
À quelle heure ouvre-t-elle?	**Cikos tā būs atvērta?** [tsikɔs ta: bu:s atve:rta?]
à quelle heure ferme-t-elle?	**Līdz cikiem tā strādā?** [li:dz tsikiɛm ta: stra:da:?]
C'est loin?	**Vai tas ir tālu?** [vai tas ir ta:lu?]
Est-ce que je peux y aller à pied?	**Vai es aiziešu ar kājām?** [vai es aiziɛʃu ar ka:ja:m?]
Pouvez-vous me le montrer sur la carte?	**Lūdzu, parādiet to uz kartes?** [lu:dzu, para:diɛt tɔ uz kartes?]
Pouvez-vous me donner quelque chose contre ...	**Lūdzu, dodiet man kaut ko pret ...** [lu:dzu, dodiɛt man kaut kɔ pret ...]
le mal de tête	**galvassāpēm** [galvasa:pe:m]
la toux	**klepu** [klɛpu]
le rhume	**saaukstēšanos** [saaukste:ʃanɔs]
la grippe	**gripu** [gripu]
la fièvre	**drudzi** [drudzi]
un mal d'estomac	**vēdersāpēm** [vɛ:dɛrsa:pe:m]
la nausée	**sliktu dūšu** [sliktu du:ʃu]
la diarrhée	**caureju** [tsaureju]
la constipation	**aizcietējumu** [aiztsiɛte:jumu]
un mal de dos	**muguras sāpēm** [muguras sa:pe:m]

les douleurs de poitrine	**sāpēm krūtīs** [saːpeːm kruːtiːs]
les points de côté	**sāpēm sānos** [saːpeːm saːnɔs]
les douleurs abdominales	**vēdera sāpēm** [vɛːdɛra saːpeːm]

une pilule	**tablete** [tablɛte]
un onguent, une crème	**ziede, krēms** [ziɛde, kreːms]
un sirop	**sīrups** [siːrups]
un spray	**aerosols** [aerɔsɔls]
les gouttes	**pilieni** [piliɛni]

Vous devez allez à l'hôpital.	**Jums jābrauc uz slimnīcu.** [jums jaːbrauts uz slimniːtsu.]
assurance maladie	**veselības apdrošināšana** [vɛseliːbas apdrɔʃinaːʃana]
prescription	**recepte** [retsepte]
produit anti-insecte	**kukaiņu atbaidīšanas līdzeklis** [kukaiɲu atbaidiːʃanas liːdzeklis]
bandages adhésifs	**plāksteris** [plaːksteris]

Les essentiels

Excusez-moi, ...	**Atvainojiet, ...** [atvainɔjiɛt, ...]
Bonjour	**Sveicināti.** [svɛitsinaːti.]
Merci	**Paldies.** [paldiɛs.]
Au revoir	**Uz redzēšanos.** [uz redzeːʃanɔs.]
Oui	**Jā.** [jaː.]
Non	**Nē.** [neː.]
Je ne sais pas.	**Es nezinu.** [es nezinu.]
Où? | Où? | Quand?	**Kur? | Uz kurieni? | Kad?** [kur? | uz kuriɛni? | kad?]

J'ai besoin de ...	**Man vajag ...** [man vajag ...]
Je veux ...	**Es gribu ...** [es gribu ...]
Avez-vous ... ?	**Vai jums ir ...?** [vai jums ir ...?]
Est-ce qu'il y a ... ici?	**Vai šeit ir ...?** [vai ʃɛit ir ...?]
Puis-je ... ?	**Vai drīkstu ...?** [vai driːkstu ...?]
s'il vous plaît (pour une demande)	**Lūdzu, ...** [luːdzu, ...]

Je cherche ...	**Es meklēju ...** [es mekleːju ...]
les toilettes	**tualeti** [tualeti]
un distributeur	**bankomātu** [bankɔmaːtu]
une pharmacie	**aptieku** [aptiɛku]
l'hôpital	**slimnīcu** [slimniːtsu]
le commissariat de police	**policijas iecirkni** [pɔlitsiːjas iɛtsirkni]
une station de métro	**metro** [metrɔ]

un taxi	**taksometru** [taksɔmetru]
la gare	**dzelzceļa staciju** [dzelztsɛl'a statsiju]

Je m'appelle ...	**Mani sauc ...** [mani sauts ...]
Comment vous appelez-vous?	**Kā jūs sauc?** [ka: ju:s sauts?]
Aidez-moi, s'il vous plaît.	**Lūdzu, palīdziet.** [lu:dzu, pali:dziɛt.]
J'ai un problème.	**Man ir problēma.** [man ir problɛ:ma.]
Je ne me sens pas bien.	**Man ir slikti.** [man ir slikti.]
Appelez une ambulance!	**Izsauciet ātro palīdzību!** [izsautsiɛt a:trɔ pali:dzi:bu!]
Puis-je faire un appel?	**Vai drīkstu piezvanīt?** [vai dri:kstu piɛzvani:t?]

Excusez-moi.	**Atvainojos.** [atvainɔjɔs.]
Je vous en prie.	**Lūdzu.** [lu:dzu.]

je, moi	**es** [es]
tu, toi	**tu** [tu]
il	**viņš** [viɲʃ]
elle	**viņa** [viɲa]
ils	**viņi** [viɲi]
elles	**viņas** [viɲas]
nous	**mēs** [me:s]
vous	**jūs** [ju:s]
Vous	**Jūs** [ju:s]

ENTRÉE	**IEEJA** [iɛeja]
SORTIE	**IZEJA** [izeja]
HORS SERVICE | EN PANNE	**NESTRĀDĀ** [nestra:da:]
FERMÉ	**SLĒGTS** [sle:gts]

OUVERT	**ATVĒRTS** [atveːrts]
POUR LES FEMMES	**SIEVIETĒM** [siɛviɛteːm]
POUR LES HOMMES	**VĪRIEŠIEM** [viːriɛʃiɛm]

DICTIONNAIRE CONCIS

Cette section contient plus
de 1500 mots les plus utilisés.
Le dictionnaire inclut beaucoup
de termes gastronomiques
et peut être utile lorsque
vous faites le marché
ou commandez des plats
au restaurant

T&P Books Publishing

CONTENU DU DICTIONNAIRE

T&P Books Publishing

temps (m)	laiks (v)	[laiks]
heure (f)	stunda (s)	[stunda]
demi-heure (f)	pusstunda	[pustunda]
minute (f)	minūte (s)	[minu:te]
seconde (f)	sekunde (s)	[sɛkunde]

aujourd'hui (adv)	šodien	[ʃodiɛn]
demain (adv)	rīt	[ri:t]
hier (adv)	vakar	[vakar]

lundi (m)	pirmdiena (s)	[pirmdiɛna]
mardi (m)	otrdiena (s)	[ɔtrdiɛna]
mercredi (m)	trešdiena (s)	[treʃdiɛna]
jeudi (m)	ceturtdiena (s)	[tsɛturtdiɛna]
vendredi (m)	piektdiena (s)	[piɛktdiɛna]
samedi (m)	sestdiena (s)	[sestdiɛna]
dimanche (m)	svētdiena (s)	[sve:tdiɛna]

jour (m)	diena (s)	[diɛna]
jour (m) ouvrable	darba diena (s)	[darba diɛna]
jour (m) férié	svētku diena (s)	[sve:tku diɛna]
week-end (m)	brīvdienas (s dsk)	[bri:vdiɛnas]

semaine (f)	nedēļa (s)	[nɛdɛ:lʲa]
la semaine dernière	pagājušajā nedēļā	[paga:juʃaja: nɛdɛ:lʲa:]
la semaine prochaine	nākamajā nedēļā	[na:kamaja: nɛdɛ:lʲa:]

| lever (m) du soleil | saullēkts (v) | [saulle:kts] |
| coucher (m) du soleil | saulriets (v) | [saulriɛts] |

le matin	no rīta	[nɔ ri:ta]
dans l'après-midi	pēcpusdienā	[pe:tspusdiɛna:]
le soir	vakarā	[vakara:]
ce soir	šovakar	[ʃovakar]
la nuit	naktī	[nakti:]
minuit (f)	pusnakts (s)	[pusnakts]

janvier (m)	janvāris (v)	[janva:ris]
février (m)	februāris (v)	[februa:ris]
mars (m)	marts (v)	[marts]
avril (m)	aprīlis (v)	[apri:lis]
mai (m)	maijs (v)	[maijs]
juin (m)	jūnijs (v)	[ju:nijs]
juillet (m)	jūlijs (v)	[ju:lijs]
août (m)	augusts (v)	[augusts]

septembre (m)	**septembris** (v)	[septembris]
octobre (m)	**oktobris** (v)	[ɔktɔbris]
novembre (m)	**novembris** (v)	[nɔvembris]
décembre (m)	**decembris** (v)	[detsembris]

au printemps	**pavasarī**	[pavasari:]
en été	**vasarā**	[vasara:]
en automne	**rudenī**	[rudeni:]
en hiver	**ziemā**	[ziɛma:]

mois (m)	**mēnesis** (v)	[mɛ:nesis]
saison (f)	**gadalaiks** (v)	[gadalaiks]
année (f)	**gads** (v)	[gads]
siècle (m)	**gadsimts** (v)	[gadsimts]

2. Nombres. Adjectifs numéraux

chiffre (m)	**cipars** (v)	[tsipars]
nombre (m)	**skaitlis** (v)	[skaitlis]
moins (m)	**mīnuss** (v)	[mi:nus]
plus (m)	**pluss** (v)	[plus]
somme (f)	**summa** (s)	[summa]

premier (adj)	**pirmais**	[pirmais]
deuxième (adj)	**otrais**	[ɔtrais]
troisième (adj)	**trešais**	[treʃais]

zéro	**nulle**	[nulle]
un	**viens**	[viɛns]
deux	**divi**	[divi]
trois	**trīs**	[tri:s]
quatre	**četri**	[tʃetri]

cinq	**pieci**	[piɛtsi]
six	**seši**	[seʃi]
sept	**septiņi**	[septiɲi]
huit	**astoņi**	[astɔɲi]
neuf	**deviņi**	[deviɲi]
dix	**desmit**	[desmit]

onze	**vienpadsmit**	[viɛnpadsmit]
douze	**divpadsmit**	[divpadsmit]
treize	**trīspadsmit**	[tri:spadsmit]
quatorze	**četrpadsmit**	[tʃetrpadsmit]
quinze	**piecpadsmit**	[piɛtspadsmit]

seize	**sešpadsmit**	[seʃpadsmit]
dix-sept	**septiņpadsmit**	[septiɲpadsmit]
dix-huit	**astoņpadsmit**	[astɔɲpadsmit]
dix-neuf	**deviņpadsmit**	[deviɲpadsmit]

vingt	divdesmit	[divdesmit]
trente	trīsdesmit	[tri:sdesmit]
quarante	četrdesmit	[tʃetrdesmit]
cinquante	piecdesmit	[piɛtsdesmit]

soixante	sešdesmit	[seʃdesmit]
soixante-dix	septiņdesmit	[septiɲdesmit]
quatre-vingts	astoņdesmit	[astɔɲdesmit]
quatre-vingt-dix	deviņdesmit	[deviɲdesmit]
cent	simts	[simts]
deux cents	divsimt	[divsimt]
trois cents	trīssimt	[tri:simt]
quatre cents	četrsimt	[tʃetrsimt]
cinq cents	piecsimt	[piɛtsimt]

six cents	sešsimt	[seʃsimt]
sept cents	septiņsimt	[septiɲsimt]
huit cents	astoņsimt	[astɔɲsimt]
neuf cents	deviņsimt	[deviɲsimt]
mille	tūkstotis	[tu:kstɔtis]

dix mille	desmit tūkstoši	[desmit tu:kstɔʃi]
cent mille	simt tūkstoši	[simt tu:kstɔʃi]
million (m)	miljons (v)	[miljɔns]
milliard (m)	miljards (v)	[miljards]

3. L'être humain. La famille

homme (m)	vīrietis (v)	[vi:riɛtis]
jeune homme (m)	jauneklis (v)	[jauneklis]
adolescent (m)	pusaudzis (v)	[pusaudzis]
femme (f)	sieviete (s)	[siɛviɛte]
jeune fille (f)	jauniete (s)	[jauniɛte]

âge (m)	vecums (v)	[vetsums]
adulte (m)	pieaudzis	[piɛaudzis]
d'âge moyen (adj)	pusmūža gados	[pusmu:ʒa gadɔs]
âgé (adj)	pavecs	[pavets]
vieux (adj)	vecs	[vets]

vieillard (m)	vecītis (v)	[vetsi:tis]
vieille femme (f)	vecenīte (s)	[vetseni:te]
retraite (f)	pensionēšanās (s)	[pensiɔne:ʃana:s]
prendre sa retraite	aiziet pensijā	[aiziɛt pensija:]
retraité (m)	pensionārs (v)	[pensiɔna:rs]

mère (f)	māte (s)	[ma:te]
père (m)	tēvs (v)	[te:vs]
fils (m)	dēls (v)	[dɛ:ls]
fille (f)	meita (s)	[mɛita]

frère (m)	brālis (v)	[bra:lis]
frère (m) aîné	vecākais brālis (v)	[vetsa:kais bra:lis]
frère (m) cadet	jaunākais brālis (v)	[jauna:kais bra:lis]
sœur (f)	māsa (s)	[ma:sa]
sœur (f) aînée	vecākā māsa (s)	[vetsa:ka: ma:sa]
sœur (f) cadette	jaunākā māsa (s)	[jauna:ka: ma:sa]

parents (m pl)	vecāki (v dsk)	[vetsa:ki]
enfant (m, f)	bērns (v)	[be:rns]
enfants (pl)	bērni (v dsk)	[be:rni]
belle-mère (f)	pamāte (s)	[pama:te]
beau-père (m)	patēvs (v)	[pate:vs]

grand-mère (f)	vecmāmiņa (s)	[vetsma:miɲa]
grand-père (m)	vectēvs (v)	[vetste:vs]
petit-fils (m)	mazdēls (v)	[mazdɛ:ls]
petite-fille (f)	mazmeita (s)	[mazmɛita]
petits-enfants (pl)	mazbērni (v dsk)	[mazbe:rni]

oncle (m)	onkulis (v)	[ɔnkulis]
tante (f)	tante (s)	[tante]
neveu (m)	brāļadēls, māsasdēls (v)	[bra:lʲadɛ:ls], [ma:sasdɛ:ls]
nièce (f)	brāļameita, māsasmeita (s)	[bra:lʲamɛita], [ma:sasmɛita]

femme (f)	sieva (s)	[siɛva]
mari (m)	vīrs (v)	[vi:rs]
marié (adj)	precējies	[pretse:jiɛs]
mariée (adj)	precējusies	[pretse:jusiɛs]
veuve (f)	atraitne (s)	[atraitne]
veuf (m)	atraitnis (v)	[atraitnis]

| prénom (m) | vārds (v) | [va:rds] |
| nom (m) de famille | uzvārds (v) | [uzva:rds] |

parent (m)	radinieks (v)	[radiniɛks]
ami (m)	draugs (v)	[draugs]
amitié (f)	draudzība (s)	[draudzi:ba]

partenaire (m)	partneris (v)	[partneris]
supérieur (m)	priekšnieks (v)	[priɛkʃniɛks]
collègue (m, f)	kolēģis (v)	[kɔle:dʲis]
voisins (m pl)	kaimiņi (v dsk)	[kaimiɲi]

4. Le corps humain. L'anatomie

organisme (m)	organisms (v)	[ɔrganisms]
corps (m)	ķermenis (v)	[tʲermenis]
cœur (m)	sirds (s)	[sirds]
sang (m)	asins (s)	[asins]

| cerveau (m) | smadzenes (s dsk) | [smadzɛnes] |
| nerf (m) | nervs (v) | [nervs] |

os (m)	kauls (v)	[kauls]
squelette (f)	skelets (v)	[skɛlets]
colonne (f) vertébrale	mugurkauls (v)	[mugurkauls]
côte (f)	riba (s)	[riba]
crâne (m)	galvaskauss (v)	[galvaskaus]

muscle (m)	muskulis (v)	[muskulis]
poumons (m pl)	plaušas (s dsk)	[plauʃas]
peau (f)	āda (s)	[a:da]

tête (f)	galva (s)	[galva]
visage (m)	seja (s)	[seja]
nez (m)	deguns (v)	[dɛguns]
front (m)	piere (s)	[piɛre]
joue (f)	vaigs (v)	[vaigs]
bouche (f)	mute (s)	[mute]
langue (f)	mēle (s)	[mɛ:le]
dent (f)	zobs (v)	[zɔbs]
lèvres (f pl)	lūpas (s dsk)	[lu:pas]
menton (m)	zods (v)	[zɔds]

oreille (f)	auss (s)	[aus]
cou (m)	kakls (v)	[kakls]
gorge (f)	rīkle (s)	[ri:kle]

œil (m)	acs (s)	[ats]
pupille (f)	acs zīlīte (s)	[ats zi:li:te]
sourcil (m)	uzacs (s)	[uzats]
cil (m)	skropsta (s)	[skrɔpsta]

cheveux (m pl)	mati (v dsk)	[mati]
coiffure (f)	frizūra (s)	[frizu:ra]
moustache (f)	ūsas (s dsk)	[u:sas]
barbe (f)	bārda (s)	[ba:rda]
porter (~ la barbe)	ir	[ir]
chauve (adj)	plikgalvains	[plikgalvains]

main (f)	delna (s)	[delna]
bras (m)	roka (s)	[rɔka]
doigt (m)	pirksts (v)	[pirksts]
ongle (m)	nags (v)	[nags]
paume (f)	plauksta (s)	[plauksta]

épaule (f)	augšdelms (v)	[augʃdelms]
jambe (f)	kāja (s)	[ka:ja]
pied (m)	pēda (s)	[pɛ:da]
genou (m)	celis (v)	[tselis]
talon (m)	papēdis (v)	[pape:dis]
dos (m)	mugura (s)	[mugura]

taille (f) (~ de guêpe)	viduklis (v)	[viduklis]
grain (m) de beauté	dzimumzīme (s)	[dzimumzi:me]
tache (f) de vin	dzimumzīme (s)	[dzimumzi:me]

5. Les maladies. Les médicaments

santé (f)	veselība (s)	[vɛseli:ba]
en bonne santé	vesels	[vɛsɛls]
maladie (f)	slimība (s)	[slimi:ba]
être malade	slimot	[slimɔt]
malade (adj)	slims	[slims]

refroidissement (m)	saaukstēšanās (s)	[saaukste:ʃana:s]
prendre froid	saaukstēties	[saaukste:tiɛs]
angine (f)	angīna (s)	[aŋgi:na]
pneumonie (f)	plaušu karsonis (v)	[plauʃu karsɔnis]
grippe (f)	gripa (s)	[gripa]

rhume (m) (coryza)	iesnas (s dsk)	[iɛsnas]
toux (f)	klepus (v)	[klɛpus]
tousser (vi)	klepot	[klepɔt]
éternuer (vi)	šķaudīt	[ʃcʲaudi:t]

insulte (f)	insults (v)	[insults]
crise (f) cardiaque	infarkts (v)	[infarkts]
allergie (f)	alerģija (s)	[alerdʲija]
asthme (m)	astma (s)	[astma]
diabète (m)	diabēts (v)	[diabe:ts]

tumeur (f)	audzējs (v)	[audze:js]
cancer (m)	vēzis (v)	[ve:zis]
alcoolisme (m)	alkoholisms (v)	[alkɔxɔlisms]
SIDA (m)	AIDS (v)	[aids]
fièvre (f)	drudzis (v)	[drudzis]
mal (m) de mer	jūras slimība (s)	[ju:ras slimi:ba]

bleu (m)	zilums (v)	[zilums]
bosse (f)	puns (v)	[puns]
boiter (vi)	klibot	[klibɔt]
foulure (f)	izmežģījums (v)	[izmeʒdʲi:jums]
se démettre (l'épaule, etc.)	izmežģīt	[izmeʒdʲi:t]

fracture (f)	lūzums (v)	[lu:zums]
brûlure (f)	apdegums (v)	[apdɛgums]
blessure (f)	traumēšana (s)	[traume:ʃana]
douleur (f)	sāpes (s dsk)	[sa:pes]
mal (m) de dents	zobu sāpes (s dsk)	[zɔbu sa:pes]

| suer (vi) | svīst | [svi:st] |
| sourd (adj) | kurls | [kurls] |

muet (adj)	mēms	[me:ms]
immunité (f)	imunitāte (s)	[imunita:te]
virus (m)	vīruss (v)	[vi:rus]
microbe (m)	mikrobs (v)	[mikrɔbs]
bactérie (f)	baktērija (s)	[bakte:rija]
infection (f)	infekcija (s)	[infektsija]
hôpital (m)	slimnīca (s)	[slimni:tsa]
cure (f) (faire une ~)	ārstēšana (s)	[a:rste:ʃana]
vacciner (vt)	potēt	[pote:t]
être dans le coma	būt komā	[bu:t kɔma:]
réanimation (f)	reanimācija (s)	[reanima:tsija]
symptôme (m)	simptoms (v)	[simptɔms]
pouls (m)	pulss (v)	[puls]

6. Les sensations. Les émotions. La communication

je	es	[es]
tu	tu	[tu]
il	viņš	[viɲʃ]
elle	viņa	[viɲa]
ça	tas	[tas]
nous	mēs	[me:s]
vous	jūs	[ju:s]
ils, elles	viņi	[viɲi]
Bonjour! (fam.)	Sveiki!	[svɛiki!]
Bonjour! (form.)	Esiet sveicināts!	[ɛsiɛt svɛitsina:ts!]
Bonjour! (le matin)	Labrīt!	[labri:t!]
Bonjour! (après-midi)	Labdien!	[labdiɛn!]
Bonsoir!	Labvakar!	[labvakar!]
dire bonjour	sveicināt	[svɛitsina:t]
saluer (vt)	pasveicināt	[pasvɛitsina:t]
Comment ça va?	Kā iet?	[ka: iɛt?]
Au revoir! (form.)	Uz redzēšanos!	[uz redze:ʃanɔs!]
Au revoir! (fam.)	Atā!	[ata:!]
Merci!	Paldies!	[paldiɛs!]
sentiments (m pl)	jūtas (s dsk)	[ju:tas]
avoir faim	gribēt ēst	[gribe:t e:st]
avoir soif	gribēt dzert	[gribe:t dzert]
fatigué (adj)	noguris	[nɔguris]
s'inquiéter (vp)	uztraukties	[uztrauktiɛs]
s'énerver (vp)	nervozēt	[nervɔze:t]
espoir (m)	cerība (s)	[tseri:ba]
espérer (vi)	cerēt	[tsɛre:t]
caractère (m)	raksturs (v)	[raksturs]

modeste (adj)	kautrīgs	[kautri:gs]
paresseux (adj)	slinks	[slinks]
généreux (adj)	devīgs	[devi:gs]
doué (adj)	talantīgs	[talanti:gs]

honnête (adj)	godīgs	[gɔdi:gs]
sérieux (adj)	nopietns	[nɔpiɛtns]
timide (adj)	bikls	[bikls]
sincère (adj)	vaļsirdīgs	[valʲsirdi:gs]
peureux (m)	gļēvulis (v)	[glʲɛ:vulis]

dormir (vi)	gulēt	[gule:t]
rêve (m)	sapnis (v)	[sapnis]
lit (m)	gulta (s)	[gulta]
oreiller (m)	spilvens (v)	[spilvens]

insomnie (f)	bezmiegs (v)	[bezmiɛgs]
aller se coucher	iet gulēt	[iɛt gule:t]
cauchemar (m)	murgi (v dsk)	[murgi]
réveil (m)	modinātājs (v)	[mɔdina:ta:js]

sourire (m)	smaids (v)	[smaids]
sourire (vi)	smaidīt	[smaidi:t]
rire (vi)	smieties	[smiɛtiɛs]

dispute (f)	ķilda (s)	[tʲilda]
insulte (f)	apvainošana (s)	[apvainɔʃana]
offense (f)	aizvainojums (v)	[aizvainɔjums]
fâché (adj)	dusmīgs	[dusmi:gs]

7. Les vêtements. Les accessoires personnels

vêtement (m)	apģērbs (v)	[apdʲe:rbs]
manteau (m)	mētelis (v)	[mɛ:telis]
manteau (m) de fourrure	kažoks (v)	[kaʒɔks]
veste (f) (~ en cuir)	jaka (s)	[jaka]
imperméable (m)	apmetnis (v)	[apmetnis]
chemise (f)	krekls (v)	[krekls]
pantalon (m)	bikses (s dsk)	[bikses]
veston (m)	žakete (s)	[ʒakɛte]
complet (m)	uzvalks (v)	[uzvalks]

robe (f)	kleita (s)	[klɛita]
jupe (f)	svārki (v dsk)	[sva:rki]
tee-shirt (m)	sporta krekls (v)	[spɔrta krekls]
peignoir (m) de bain	halāts (v)	[xala:ts]
pyjama (m)	pidžama (s)	[pidʒama]
tenue (f) de travail	darba apģērbs (v)	[darba apdʲe:rbs]
sous-vêtements (m pl)	veļa (s)	[vɛlʲa]
chaussettes (f pl)	zeķes (s dsk)	[zɛtʲes]

soutien-gorge (m)	krūšturis (v)	[kru:ʃturis]
collants (m pl)	zeķubikses (s dsk)	[zɛtʲubikses]
bas (m pl)	sieviešu zeķes (s dsk)	[siɛviɛʃu zɛtʲes]
maillot (m) de bain	peldkostīms (v)	[peldkɔsti:ms]
chapeau (m)	cepure (s)	[tsɛpure]
chaussures (f pl)	apavi (v dsk)	[apavi]
bottes (f pl)	zābaki (v dsk)	[za:baki]
talon (m)	papēdis (v)	[pape:dis]
lacet (m)	aukla (s)	[aukla]
cirage (m)	apavu krēms (v)	[apavu kre:ms]
coton (m)	kokvilna (s)	[kɔkvilna]
laine (f)	vilna (s)	[vilna]
fourrure (f)	kažokāda (s)	[kaʒɔka:da]
gants (m pl)	cimdi (v dsk)	[tsimdi]
moufles (f pl)	dūraiņi (v dsk)	[du:raiɲi]
écharpe (f)	šalle (s)	[ʃalle]
lunettes (f pl)	brilles (s dsk)	[brilles]
parapluie (m)	lietussargs (v)	[liɛtusargs]
cravate (f)	kaklasaite (s)	[kaklasaite]
mouchoir (m)	kabatlakatiņš (v)	[kabatlakatiɲʃ]
peigne (m)	ķemme (s)	[tʲemme]
brosse (f) à cheveux	matu suka (s)	[matu suka]
boucle (f)	sprādze (s)	[spra:dze]
ceinture (f)	josta (s)	[jɔsta]
sac (m) à main	somiņa (s)	[sɔmiɲa]
col (m)	apkakle (s)	[apkakle]
poche (f)	kabata (s)	[kabata]
manche (f)	piedurkne (s)	[piɛdurkne]
braguette (f)	bikšu priekša	[bikʃu priɛkʃa]
fermeture (f) à glissière	rāvējslēdzējs (v)	[ra:ve:jsle:dze:js]
bouton (m)	poga (s)	[pɔga]
se salir (vp)	notraipīties	[nɔtraipi:tiɛs]
tache (f)	traips (v)	[traips]

8. La ville. Les établissements publics

magasin (m)	veikals (v)	[vɛikals]
centre (m) commercial	tirdzniecības centrs (v)	[tirdzniɛtsi:bas tsentrs]
supermarché (m)	lielveikals (v)	[liɛlvɛikals]
magasin (m) de chaussures	apavu veikals (v)	[apavu vɛikals]
librairie (f)	grāmatnīca (s)	[gra:matni:tsa]
pharmacie (f)	aptieka (s)	[aptiɛka]
boulangerie (f)	maiznīca (s)	[maizni:tsa]

pâtisserie (f)	konditoreja (s)	[kɔnditɔreja]
épicerie (f)	pārtikas preču veikals (v)	[paːrtikas pretʃu vɛikals]
boucherie (f)	gaļas veikals (v)	[gaļas vɛikals]
magasin (m) de légumes	sakņu veikals (v)	[sakņu vɛikals]
marché (m)	tirgus (v)	[tirgus]
salon (m) de coiffure	frizētava (s)	[frizɛ:tava]
poste (f)	pasts (v)	[pasts]
pressing (m)	ķīmiskā tīrītava (s)	[tʲi:miska: ti:ri:tava]
cirque (m)	cirks (v)	[tsirks]
zoo (m)	zoodārzs (v)	[zɔɔda:rzs]
théâtre (m)	teātris (v)	[tea:tris]
cinéma (m)	kinoteātris (v)	[kinɔtea:tris]
musée (m)	muzejs (v)	[muzejs]
bibliothèque (f)	bibliotēka (s)	[bibliɔtɛ:ka]
mosquée (f)	mošeja (s)	[mɔʃeja]
synagogue (f)	sinagoga (s)	[sinagɔga]
cathédrale (f)	katedrāle (s)	[katedra:le]
temple (m)	dievnams (v)	[diɛvnams]
église (f)	baznīca (s)	[bazni:tsa]
institut (m)	institūts (v)	[institu:ts]
université (f)	universitāte (s)	[univɛrsita:te]
école (f)	skola (s)	[skɔla]
hôtel (m)	viesnīca (s)	[viɛsni:tsa]
banque (f)	banka (s)	[banka]
ambassade (f)	vēstniecība (s)	[ve:stniɛtsi:ba]
agence (f) de voyages	tūrisma aģentūra (s)	[tu:risma adʲentu:ra]
métro (m)	metro (v)	[metrɔ]
hôpital (m)	slimnīca (s)	[slimni:tsa]
station-service (f)	degvielas uzpildes stacija (s)	[degviɛlas uzpildes statsija]
parking (m)	autostāvvieta (s)	[autɔsta:vviɛta]
ENTRÉE	IEEJA	[iɛeja]
SORTIE	IZEJA	[izeja]
POUSSER	GRŪST	[gru:st]
TIRER	VILKT	[vilkt]
OUVERT	ATVĒRTS	[atve:rts]
FERMÉ	SLĒGTS	[sle:gts]
monument (m)	piemineklis (v)	[piɛmineklis]
forteresse (f)	cietoksnis (v)	[tsiɛtɔksnis]
palais (m)	pils (s)	[pils]
médiéval (adj)	viduslaiku	[viduslaiku]
ancien (adj)	senlaiku	[senlaiku]
national (adj)	nacionāls	[natsiɔna:ls]
connu (adj)	slavens	[slavens]

9. L'argent. Les finances

argent (m)	**nauda** (s)	[nauda]
monnaie (f)	**monēta** (s)	[mɔnɛ:ta]
dollar (m)	**dolārs** (v)	[dɔla:rs]
euro (m)	**eiro** (v)	[ɛirɔ]

distributeur (m)	**bankomāts** (v)	[bankɔma:ts]
bureau (m) de change	**apmaiņas punkts** (v)	[apmaiɲas punkts]
cours (m) de change	**kurss** (v)	[kurs]
espèces (f pl)	**skaidra nauda** (v)	[skaidra nauda]
Combien?	**Cik?**	[tsik?]
payer (régler)	**maksāt**	[maksa:t]
paiement (m)	**samaksa** (s)	[samaksa]
monnaie (f) (rendre la ~)	**atlikums** (v)	[atlikums]

prix (m)	**cena** (s)	[tsɛna]
rabais (m)	**atlaide** (s)	[atlaide]
bon marché (adj)	**lēts**	[le:ts]
cher (adj)	**dārgs**	[da:rgs]

banque (f)	**banka** (s)	[banka]
compte (m)	**konts** (v)	[kɔnts]
carte (f) de crédit	**kredītkarte** (s)	[kredi:tkarte]
chèque (m)	**čeks** (v)	[tʃeks]
faire un chèque	**izrakstīt čeku**	[izraksti:t tʃeku]
chéquier (m)	**čeku grāmatiņa** (s)	[tʃɛku gra:matiɲa]

dette (f)	**parāds** (v)	[para:ds]
débiteur (m)	**parādnieks** (v)	[para:dniɛks]
prêter (vt)	**aizdot**	[aizdɔt]
emprunter (vt)	**aizņemties**	[aizɲemtiɛs]

louer (une voiture, etc.)	**paņemt nomā**	[paɲemt nɔma:]
à crédit (adv)	**uz kredīta**	[uz kredi:ta]
portefeuille (m)	**maks** (v)	[maks]
coffre fort (m)	**seifs** (v)	[sɛifs]
héritage (m)	**mantojums** (v)	[mantɔjums]
fortune (f)	**mantība** (s)	[manti:ba]

impôt (m)	**nodoklis** (v)	[nɔdɔklis]
amende (f)	**sods** (v)	[sɔds]
mettre une amende	**uzlikt naudas sodu**	[uzlikt naudas sɔdu]

en gros (adj)	**vairum-**	[vairum-]
au détail (adj)	**mazumtirdzniecības-**	[mazumtirdzniɛtsi:bas-]
assurer (vt)	**apdrošināt**	[apdrɔʃina:t]
assurance (f)	**apdrošināšana** (s)	[apdrɔʃina:ʃana]

capital (m)	**kapitāls** (v)	[kapita:ls]
chiffre (m) d'affaires	**apgrieziens** (v)	[apgriɛziɛns]

action (f)	akcija (s)	[aktsija]
profit (m)	peļņa (s)	[peļɲa]
profitable (adj)	ienesīgs	[iɛnesi:gs]

crise (f)	krīze (s)	[kri:ze]
faillite (f)	bankrots (v)	[bankrɔts]
faire faillite	bankrotēt	[bankrɔte:t]

comptable (m)	grāmatvedis (v)	[gra:matvedis]
salaire (m)	darba alga (s)	[darba alga]
prime (f)	prēmija (s)	[pre:mija]

10. Les transports

autobus (m)	autobuss (v)	[autɔbus]
tramway (m)	tramvajs (v)	[tramvajs]
trolleybus (m)	trolejbuss (v)	[trɔlejbus]

prendre ...	braukt ar ...	[braukt ar ...]
monter (dans l'autobus)	iekāpt	[iɛka:pt]
descendre de ...	izkāpt	[izka:pt]

arrêt (m)	pietura (s)	[piɛtura]
terminus (m)	galapunkts (v)	[galapunkts]
horaire (m)	saraksts (v)	[saraksts]
ticket (m)	biļete (s)	[biļɛte]
être en retard	nokavēties	[nɔkave:tiɛs]

taxi (m)	taksometrs (v)	[taksɔmetrs]
en taxi	ar taksometru	[ar taksɔmetru]
arrêt (m) de taxi	taksometru stāvvieta (s)	[taksɔmetru sta:vviɛta]

trafic (m)	satiksme (s)	[satiksme]
heures (f pl) de pointe	maksimālās slodzes laiks (v)	[maksima:la:s slɔdzes laiks]
se garer (vp)	novietot auto	[nɔviɛtɔt autɔ]

métro (m)	metro (v)	[metrɔ]
station (f)	stacija (s)	[statsija]
train (m)	vilciens (v)	[viltsiɛns]
gare (f)	dzelzceļa stacija (s)	[dzelztsɛļa statsija]
rails (m pl)	sliedes (s dsk)	[sliɛdes]
compartiment (m)	kupeja (s)	[kupeja]
couchette (f)	plaukts (v)	[plaukts]

avion (m)	lidmašīna (s)	[lidmaʃi:na]
billet (m) d'avion	aviobiļete (s)	[aviɔbiļɛte]
compagnie (f) aérienne	aviokompānija (s)	[aviɔkɔmpa:nija]
aéroport (m)	lidosta (s)	[lidɔsta]
vol (m) (~ d'oiseau)	lidojums (v)	[lidɔjums]

| bagage (m) | bagāža (s) | [baga:ʒa] |
| chariot (m) | bagāžas ratiņi (v dsk) | [baga:ʒas ratiɲi] |

bateau (m)	kuģis (v)	[kudʲis]
bateau (m) de croisière	laineris (v)	[laineris]
yacht (m)	jahta (s)	[jaxta]
canot (m) à rames	laiva (s)	[laiva]

capitaine (m)	kapteinis (v)	[kaptɛinis]
cabine (f)	kajīte (s)	[kaji:te]
port (m)	osta (s)	[ɔsta]

vélo (m)	divritenis (v)	[divritenis]
scooter (m)	motorollers (v)	[mɔtɔrɔllɛrs]
moto (f)	motocikls (v)	[mɔtɔtsikls]
pédale (f)	pedālis (v)	[pɛda:lis]
pompe (f)	sūknis (v)	[su:knis]
roue (f)	ritenis (v)	[ritenis]

automobile (f)	automobilis (v)	[autɔmɔbilis]
ambulance (f)	ātrā palīdzība (s)	[a:tra: pali:dzi:ba]
camion (m)	kravas automašīna (s)	[kravas autɔmaʃi:na]
d'occasion (adj)	lietots	[liɛtɔts]
accident (m) de voiture	avārija (s)	[ava:rija]
réparation (f)	remonts (v)	[remɔnts]

11. Les produits alimentaires. Partie 1

viande (f)	gaļa (s)	[galʲa]
poulet (m)	vista (s)	[vista]
canard (m)	pīle (s)	[pi:le]

du porc	cūkgaļa (s)	[tsu:kgalʲa]
du veau	teļa gaļa (s)	[tɛlʲa galʲa]
du mouton	jēra gaļa (s)	[je:ra galʲa]
du bœuf	liellopu gaļa (s)	[liɛllɔpu galʲa]

saucisson (m)	desa (s)	[dɛsa]
œuf (m)	ola (s)	[ɔla]
poisson (m)	zivs (s)	[zivs]
fromage (m)	siers (v)	[siɛrs]
sucre (m)	cukurs (v)	[tsukurs]
sel (m)	sāls (v)	[sa:ls]

riz (m)	rīsi (v dsk)	[ri:si]
pâtes (m pl)	makaroni (v dsk)	[makarɔni]
beurre (m)	sviests (v)	[sviɛsts]
huile (f) végétale	augu eļļa (s)	[augu ellʲa]
pain (m)	maize (s)	[maize]
chocolat (m)	šokolāde (s)	[ʃɔkɔla:de]

vin (m)	vīns (v)	[vi:ns]
café (m)	kafija (s)	[kafija]
lait (m)	piens (v)	[piɛns]
jus (m)	sula (s)	[sula]
bière (f)	alus (v)	[alus]
thé (m)	tēja (s)	[te:ja]

tomate (f)	tomāts (v)	[tɔma:ts]
concombre (m)	gurķis (v)	[gurtʲis]
carotte (f)	burkāns (v)	[burka:ns]
pomme (f) de terre	kartupelis (v)	[kartupelis]
oignon (m)	sīpols (v)	[si:pɔls]
ail (m)	ķiploks (v)	[tʲiplɔks]

chou (m)	kāposti (v dsk)	[ka:pɔsti]
betterave (f)	biete (s)	[biɛte]
aubergine (f)	baklažāns (v)	[baklaʒa:ns]
fenouil (m)	dilles (s dsk)	[dilles]
laitue (f) (salade)	dārza salāti (v dsk)	[da:rza sala:ti]
maïs (m)	kukurūza (s)	[kukuru:za]

fruit (m)	auglis (v)	[auglis]
pomme (f)	ābols (v)	[a:bɔls]
poire (f)	bumbieris (v)	[bumbiɛris]
citron (m)	citrons (v)	[tsitrɔns]
orange (f)	apelsīns (v)	[apɛlsi:ns]
fraise (f)	zemene (s)	[zɛmɛne]

prune (f)	plūme (s)	[plu:me]
framboise (f)	avene (s)	[avɛne]
ananas (m)	ananāss (v)	[anana:s]
banane (f)	banāns (v)	[bana:ns]
pastèque (f)	arbūzs (v)	[arbu:zs]
raisin (m)	vīnoga (s)	[vi:nɔga]
melon (m)	melone (s)	[melɔne]

12. Les produits alimentaires. Partie 2

cuisine (f)	virtuve (s)	[virtuve]
recette (f)	recepte (s)	[retsepte]
nourriture (f)	ēdiens (v)	[e:diɛns]

prendre le petit déjeuner	brokastot	[brɔkastɔt]
déjeuner (vi)	pusdienot	[pusdiɛnɔt]
dîner (vi)	vakariņot	[vakariɲɔt]

goût (m)	garša (s)	[garʃa]
bon (savoureux)	garšīgs	[garʃi:gs]
froid (adj)	auksts	[auksts]
chaud (adj)	karsts	[karsts]

| sucré (adj) | salds | [salds] |
| salé (adj) | sāļš | [sa:lʲʃ] |

sandwich (m)	sviestmaize (s)	[sviɛstmaize]
garniture (f)	piedeva (s)	[piɛdɛva]
garniture (f)	pildījums (v)	[pildi:jums]
sauce (f)	mērce (s)	[me:rtse]
morceau (m)	gabals (v)	[gabals]
régime (m)	diēta (s)	[diɛ:ta]
vitamine (f)	vitamīns (v)	[vitami:ns]
calorie (f)	kalorija (s)	[kalɔrija]
végétarien (m)	veģetārietis (v)	[vɛdʲɛta:riɛtis]

restaurant (m)	restorāns (v)	[restɔra:ns]
salon (m) de café	kafejnīca (s)	[kafejni:tsa]
appétit (m)	apetīte (s)	[apeti:te]
Bon appétit!	Labu apetīti!	[labu apeti:ti!]

serveur (m)	oficiants (v)	[ɔfitsiants]
serveuse (f)	oficiante (s)	[ɔfitsiante]
barman (m)	bārmenis (v)	[ba:rmenis]
carte (f)	ēdienkarte (s)	[e:diɛnkarte]

cuillère (f)	karote (s)	[karɔte]
couteau (m)	nazis (v)	[nazis]
fourchette (f)	dakša (s)	[dakʃa]
tasse (f)	tase (s)	[tase]
assiette (f)	šķīvis (v)	[ʃtʲi:vis]
soucoupe (f)	apakštase (s)	[apakʃtase]
serviette (f)	salvete (s)	[salvɛte]
cure-dent (m)	zobu bakstāmais (v)	[zɔbu baksta:mais]

commander (vt)	pasūtīt	[pasu:ti:t]
plat (m)	ēdiens (v)	[e:diɛns]
portion (f)	porcija (s)	[pɔrtsija]
hors-d'œuvre (m)	uzkožamais (v)	[uzkɔʒamais]
salade (f)	salāti (v dsk)	[sala:ti]
soupe (f)	zupa (s)	[zupa]

dessert (m)	deserts (v)	[dɛserts]
confiture (f)	ievārījums (v)	[iɛva:ri:jums]
glace (f)	saldējums (v)	[salde:jums]
addition (f)	rēķins (v)	[re:tʲins]
régler l'addition	samaksāt rēķinu	[samaksa:t re:tʲinu]
pourboire (m)	dzeramnauda (s)	[dzɛramnauda]

13. La maison. L'appartement. Partie 1

| maison (f) | māja (s) | [ma:ja] |
| maison (f) de campagne | ārpilsētas māja (s) | [a:rpilsɛ:tas ma:ja] |

villa (f)	villa (s)	[villa]
étage (m)	stāvs (v)	[sta:vs]
entrée (f)	ieeja (s)	[iɛeja]
mur (m)	siena (s)	[siɛna]
toit (m)	jumts (v)	[jumts]
cheminée (f)	skurstenis (v)	[skurstenis]
grenier (m)	bēniņi (v dsk)	[be:niɲi]
fenêtre (f)	logs (v)	[lɔgs]
rebord (m)	palodze (s)	[palɔdze]
balcon (m)	balkons (v)	[balkɔns]
escalier (m)	kāpnes (s dsk)	[ka:pnes]
boîte (f) à lettres	pastkastīte (s)	[pastkasti:te]
poubelle (f) d'extérieur	atkritumu tvertne (s)	[atkritumu tvertne]
ascenseur (m)	lifts (v)	[lifts]
électricité (f)	elektrība (s)	[ɛlektri:ba]
ampoule (f)	spuldze (s)	[spuldze]
interrupteur (m)	izslēdzējs (v)	[izsle:dze:js]
prise (f)	rozete (s)	[rɔzɛte]
fusible (m)	drošinātājs (v)	[drɔʃina:ta:js]
porte (f)	durvis (s dsk)	[durvis]
poignée (f)	rokturis (v)	[rɔkturis]
clé (f)	atslēga (s)	[atslɛ:ga]
paillasson (m)	paklājiņš (v)	[pakla:jiɲʃ]
serrure (f)	slēdzis (v)	[sle:dzis]
sonnette (f)	zvans (v)	[zvans]
coups (m pl) à la porte	klaudziens (v)	[klaudziɛns]
frapper (~ à la porte)	klauvēt	[klauve:t]
judas (m)	actiņa (s)	[atstiɲa]
cour (f)	sēta (s)	[sɛ:ta]
jardin (m)	dārzs (v)	[da:rzs]
piscine (f)	baseins (v)	[basɛins]
salle (f) de gym	sporta zāle (s)	[sporta za:le]
court (m) de tennis	tenisa laukums (v)	[tenisa laukums]
garage (m)	garāža (s)	[gara:ʒa]
propriété (f) privée	privātīpašums (v)	[priva:ti:paʃums]
panneau d'avertissement	brīdinājuma zīme (s)	[bri:dina:juma zi:me]
sécurité (f)	apsardze (s)	[apsardze]
agent (m) de sécurité	apsargs (v)	[apsargs]
rénovation (f)	remonts (v)	[remɔnts]
faire la rénovation	renovēt	[renɔve:t]
remettre en ordre	sakārtot	[saka:rtɔt]
peindre (des murs)	krāsot	[kra:sɔt]
papier (m) peint	tapetes (s dsk)	[tapɛtes]
vernir (vt)	nolakot	[nɔlakɔt]

tuyau (m)	caurule (s)	[tsaurule]
outils (m pl)	instrumenti (v dsk)	[instrumenti]
sous-sol (m)	pagrabs (v)	[pagrabs]
égouts (m pl)	kanalizācija (s)	[kanaliza:tsija]

14. La maison. L'appartement. Partie 2

appartement (m)	dzīvoklis (v)	[dzi:vɔklis]
chambre (f)	istaba (s)	[istaba]
chambre (f) à coucher	guļamistaba (s)	[gulʲamistaba]
salle (f) à manger	ēdamistaba (s)	[ɛ:damistaba]
salon (m)	viesistaba (s)	[viɛsistaba]
bureau (m)	kabinets (v)	[kabinets]
antichambre (f)	priekštelpa (s)	[priɛkʃtelpa]
salle (f) de bains	vannas istaba (s)	[vannas istaba]
toilettes (f pl)	tualete (s)	[tualɛte]
plancher (m)	grīda (s)	[gri:da]
plafond (m)	griesti (v dsk)	[griɛsti]
essuyer la poussière	slaucīt putekļus	[slautsi:t puteklʲus]
aspirateur (m)	putekļu sūcējs (v)	[puteklʲu su:tse:js]
passer l'aspirateur	sūkt putekļus	[su:kt puteklʲus]
balai (m) à franges	birste (s)	[birste]
torchon (m)	lupata (s)	[lupata]
balayette (f) de sorgho	slota (s)	[slɔta]
pelle (f) à ordures	liekšķere (s)	[liɛkʃʲɛre]
meubles (m pl)	mēbeles (s dsk)	[me:bɛles]
table (f)	galds (v)	[galds]
chaise (f)	krēsls (v)	[kre:sls]
fauteuil (m)	atpūtas krēsls (v)	[atpu:tas kre:sls]
bibliothèque (f) (meuble)	grāmatplaukts (v)	[gra:matplaukts]
rayon (m)	plaukts (v)	[plaukts]
armoire (f)	drēbju skapis (v)	[dre:bju skapis]
miroir (m)	spogulis (v)	[spɔgulis]
tapis (m)	paklājs (v)	[pakla:js]
cheminée (f)	kamīns (v)	[kami:ns]
rideaux (m pl)	aizkari (v dsk)	[aizkari]
lampe (f) de table	galda lampa (s)	[galda lampa]
lustre (m)	lustra (s)	[lustra]
cuisine (f)	virtuve (s)	[virtuve]
cuisinière (f) à gaz	gāzes plīts (v)	[ga:zes pli:ts]
cuisinière (f) électrique	elektriskā plīts (v)	[ɛlektriska: pli:ts]
four (m) micro-ondes	mikroviļņu krāsns (v)	[mikrɔvilʲɲu kra:sns]
réfrigérateur (m)	ledusskapis (v)	[lɛduskapis]

congélateur (m)	saldētava (s)	[saldɛ:tava]
lave-vaisselle (m)	trauku mazgājamā mašīna (s)	[trauku mazga:jama: maʃi:na]
robinet (m)	krāns (v)	[kra:ns]

hachoir (m) à viande	gaļas mašīna (s)	[galʲas maʃi:na]
centrifugeuse (f)	sulu spiede (s)	[sulu spiɛde]
grille-pain (m)	tosters (v)	[tɔstɛrs]
batteur (m)	mikseris (v)	[mikseris]

machine (f) à café	kafijas aparāts (v)	[kafijas apara:ts]
bouilloire (f)	tējkanna (s)	[te:jkanna]
théière (f)	tējkanna (s)	[te:jkanna]

téléviseur (m)	televizors (v)	[tɛlevizɔrs]
magnétoscope (m)	videomagnetofons (v)	[videɔmagnetɔfɔns]
fer (m) à repasser	gludeklis (v)	[gludeklis]
téléphone (m)	tālrunis (v)	[ta:lrunis]

15. Les occupations. Le statut social

directeur (m)	direktors (v)	[direktɔrs]
supérieur (m)	priekšnieks (v)	[priɛkʃniɛks]
président (m)	prezidents (v)	[prezidents]
assistant (m)	palīgs (v)	[pali:gs]
secrétaire (m, f)	sekretārs (v)	[sekrɛta:rs]

propriétaire (m)	īpašnieks (v)	[i:paʃniɛks]
partenaire (m)	partneris (v)	[partneris]
actionnaire (m)	akcionārs (v)	[aktsiɔna:rs]

homme (m) d'affaires	biznesmenis (v)	[biznesmenis]
millionnaire (m)	miljonārs (v)	[miljɔna:rs]
milliardaire (m)	miljardieris (v)	[miljardiɛris]

acteur (m)	aktieris (v)	[aktiɛris]
architecte (m)	arhitekts (v)	[arxitekts]
banquier (m)	baņķieris (v)	[baɲtʲiɛris]
courtier (m)	brokeris (v)	[brɔkeris]
vétérinaire (m)	veterinārs (v)	[vɛterina:rs]
médecin (m)	ārsts (v)	[a:rsts]
femme (f) de chambre	istabene (s)	[istabɛne]
designer (m)	dizainers (v)	[dizainɛrs]
correspondant (m)	korespondents (v)	[kɔrespɔndents]
livreur (m)	kurjers (v)	[kurjers]

électricien (m)	elektriķis (v)	[ɛlektritʲis]
musicien (m)	mūziķis (v)	[mu:zitʲis]
baby-sitter (m, f)	aukle (s)	[aukle]
coiffeur (m)	frizieris (v)	[friziɛris]

berger (m)	gans (v)	[gans]
chanteur (m)	dziedātājs (v)	[dziɛda:ta:js]
traducteur (m)	tulks (v)	[tulks]
écrivain (m)	rakstnieks (v)	[rakstniɛks]
charpentier (m)	namdaris (v)	[namdaris]
cuisinier (m)	pavārs (v)	[pava:rs]

pompier (m)	ugunsdzēsējs (v)	[ugunsdzɛ:se:js]
policier (m)	policists (v)	[politsists]
facteur (m)	pastnieks (v)	[pastniɛks]
programmeur (m)	programmētājs (v)	[prɔgrammɛ:ta:js]
vendeur (m)	pārdevējs (v)	[pa:rdɛve:js]

ouvrier (m)	strādnieks (v)	[stra:dniɛks]
jardinier (m)	dārznieks (v)	[da:rzniɛks]
plombier (m)	santehniķis (v)	[santexnitʲis]
stomatologue (m)	stomatologs (v)	[stɔmatɔlɔgs]
hôtesse (f) de l'air	stjuarte (s)	[stjuarte]

danseur (m)	dejotājs (v)	[dejɔta:js]
garde (m) du corps	miesassargs (v)	[miɛsasargs]
savant (m)	zinātnieks (v)	[zina:tniɛks]
professeur (m)	skolotājs (v)	[skɔlɔta:js]

fermier (m)	fermeris (v)	[fermeris]
chirurgien (m)	ķirurgs (v)	[tʲirurgs]
mineur (m)	ogļracis (v)	[ɔglʲratsis]
cuisinier (m) en chef	šefpavārs (v)	[ʃefpava:rs]
chauffeur (m)	šoferis (v)	[ʃɔferis]

16. Le sport

type (m) de sport	sporta veids (v)	[spɔrta vɛids]
football (m)	futbols (v)	[futbɔls]
hockey (m)	hokejs (v)	[xɔkejs]
basket-ball (m)	basketbols (v)	[basketbɔls]
base-ball (m)	beisbols (v)	[bɛisbɔls]

volley-ball (m)	volejbols (v)	[vɔlejbɔls]
boxe (f)	bokss (v)	[bɔks]
lutte (f)	cīņa (s)	[tsi:ɲa]
tennis (m)	teniss (v)	[tenis]
natation (f)	peldēšana (s)	[pelde:ʃana]

échecs (m pl)	šahs (v)	[ʃaxs]
course (f)	skriešana (s)	[skriɛʃana]
athlétisme (m)	vieglatlētika (s)	[viɛglatle:tika]
patinage (m) artistique	daiļslidošana (s)	[dailʲslidɔʃana]
cyclisme (m)	riteņbraukšana (s)	[riteɲbraukʃana]
billard (m)	biljards (v)	[biljards]

bodybuilding (m)	**bodibildings** (v)	[bɔdibildiŋs]
golf (m)	**golfs** (v)	[gɔlfs]
plongée (f)	**niršana** (s)	[nirʃana]
voile (f)	**buru sports** (v)	[buru spɔrts]
tir (m) à l'arc	**loka šaušana** (s)	[lɔka ʃauʃana]

mi-temps (f)	**puslaiks** (v)	[puslaiks]
mi-temps (f) (pause)	**pārtraukums** (v)	[paːrtraukums]
match (m) nul	**neizšķirts rezultāts** (v)	[nɛizʃtʲirts rɛzultaːts]
faire match nul	**nospēlēt neizšķirti**	[nɔspɛːleːt nɛizʃtʲirti]

tapis (m) roulant	**skrejceļš** (v)	[skrejtselʲʃ]
joueur (m)	**spēlētājs** (v)	[spɛːlɛːtaːjs]
remplaçant (m)	**rezerves spēlētājs** (v)	[rɛzerves spɛːlɛːtaːjs]
banc (m) des remplaçants	**rezervistu sols** (v)	[rɛzervistu sɔls]

match (m)	**mačs** (v)	[matʃs]
but (m)	**vārti** (v dsk)	[vaːrti]
gardien (m) de but	**vārtsargs** (v)	[vaːrtsargs]
but (m)	**vārti** (v dsk)	[vaːrti]

Jeux (m pl) olympiques	**Olimpiskās Spēles** (s dsk)	[ɔlimpiskaːs spɛːles]
établir un record	**uzstādīt rekordu**	[uzstaːdiːt rekɔrdu]
finale (f)	**fināls** (v)	[finaːls]
champion (m)	**čempions** (v)	[tʃempiɔns]
championnat (m)	**čempionāts** (v)	[tʃempiɔnaːts]

gagnant (m)	**uzvarētājs** (v)	[uzvarɛːtaːjs]
victoire (f)	**uzvara** (s)	[uzvara]
gagner (vi)	**vinnēt**	[vinneːt]
perdre (vi)	**zaudēt**	[zaudeːt]
médaille (f)	**medaļa** (s)	[mɛdalʲa]

première place (f)	**pirmā vieta** (s)	[pirma: viɛta]
deuxième place (f)	**otrā vieta** (s)	[ɔtra: viɛta]
troisième place (f)	**trešā vieta** (s)	[treʃa: viɛta]

stade (m)	**stadions** (v)	[stadiɔns]
supporteur (m)	**līdzjutējs** (v)	[liːdzjuteːjs]
entraîneur (m)	**treneris** (v)	[trɛneris]
entraînement (m)	**treniņš** (v)	[treniɲʃ]

17. Les langues étrangères. L'orthographe

langue (f)	**valoda** (s)	[valɔda]
étudier (vt)	**pētīt**	[pe:ti:t]
prononciation (f)	**izruna** (s)	[izruna]
accent (m)	**akcents** (v)	[aktsents]
nom (m)	**lietvārds** (v)	[liɛtva:rds]
adjectif (m)	**īpašības vārds** (v)	[i:paʃi:bas va:rds]

verbe (m)	**darbības vārds** (v)	[darbi:bas va:rds]
adverbe (m)	**apstākļa vārds** (v)	[apsta:klʲa va:rds]
pronom (m)	**vietniekvārds** (v)	[viɛtniɛkva:rds]
interjection (f)	**izsauksmes vārds** (v)	[izsauksmes va:rds]
préposition (f)	**prievārds** (v)	[priɛva:rds]
racine (f)	**vārda sakne** (s)	[va:rda sakne]
terminaison (f)	**galotne** (s)	[galɔtne]
préfixe (m)	**priedēklis** (v)	[priɛde:klis]
syllabe (f)	**zilbe** (s)	[zilbe]
suffixe (m)	**sufikss** (v)	[sufiks]
accent (m) tonique	**uzsvars** (v)	[uzsvars]
point (m)	**punkts** (v)	[punkts]
virgule (f)	**komats** (v)	[kɔmats]
deux-points (m)	**kols** (v)	[kɔls]
points (m pl) de suspension	**daudzpunkte** (s)	[daudzpunkte]
question (f)	**jautājums** (v)	[jauta:jums]
point (m) d'interrogation	**jautājuma zīme** (s)	[jauta:juma zi:me]
point (m) d'exclamation	**izsaukuma zīme** (s)	[izsaukuma zi:me]
entre guillemets	**pēdiņās**	[pe:diɲa:s]
entre parenthèses	**iekavās**	[iɛkava:s]
lettre (f)	**burts** (v)	[burts]
majuscule (f)	**lielais burts** (v)	[liɛlais burts]
proposition (f)	**teikums** (v)	[tɛikums]
groupe (m) de mots	**vārdkopa** (s)	[va:rdkɔpa]
expression (f)	**izteiciens** (v)	[iztɛitsiɛns]
sujet (m)	**teikuma priekšmets** (v)	[tɛikuma priɛkʃmets]
prédicat (m)	**izteicējs** (v)	[iztɛitse:js]
ligne (f)	**rinda** (s)	[rinda]
paragraphe (m)	**rindkopa** (s)	[rindkɔpa]
synonyme (m)	**sinonīms** (v)	[sinɔni:ms]
antonyme (m)	**antonīms** (v)	[antɔni:ms]
exception (f)	**izņēmums** (v)	[izɲɛ:mums]
souligner (vt)	**pasvītrot**	[pasvi:trɔt]
règles (f pl)	**noteikumi** (v dsk)	[notɛikumi]
grammaire (f)	**gramatika** (s)	[gramatika]
vocabulaire (m)	**leksika** (s)	[leksika]
phonétique (f)	**fonētika** (s)	[fone:tika]
alphabet (m)	**alfabēts** (v)	[alfabe:ts]
manuel (m)	**mācību grāmata** (s)	[ma:tsi:bu gra:mata]
dictionnaire (m)	**vārdnīca** (s)	[va:rdni:tsa]
guide (m) de conversation	**sarunvārdnīca** (s)	[sarunva:rdni:tsa]
mot (m)	**vārds** (v)	[va:rds]

sens (m)	**nozīme** (s)	[nɔziːme]
mémoire (f)	**atmiņa** (s)	[atmiɲa]

18. La Terre. La géographie

Terre (f)	**Zeme** (s)	[zɛme]
globe (m) terrestre	**zemeslode** (s)	[zɛmeslɔde]
planète (f)	**planēta** (s)	[planɛːta]
géographie (f)	**ģeogrāfija** (s)	[dʲeɔgraːfija]
nature (f)	**daba** (s)	[daba]
carte (f)	**karte** (s)	[karte]
atlas (m)	**atlants** (v)	[atlants]
au nord	**ziemeļos**	[ziɛmelʲɔs]
au sud	**dienvidos**	[diɛnvidɔs]
à l'occident	**rietumos**	[riɛtumɔs]
à l'orient	**austrumos**	[austrumɔs]
mer (f)	**jūra** (s)	[juːra]
océan (m)	**okeāns** (v)	[ɔkeaːns]
golfe (m)	**jūras līcis** (v)	[juːras liːtsis]
détroit (m)	**jūras šaurums** (v)	[juːras ʃaurums]
continent (m)	**kontinents** (v)	[kɔntinents]
île (f)	**sala** (s)	[sala]
presqu'île (f)	**pussala** (s)	[pusala]
archipel (m)	**arhipelāgs** (v)	[arxipɛlaːgs]
port (m)	**osta** (s)	[ɔsta]
récif (m) de corail	**koraļļu rifs** (v)	[kɔralʲʲu rifs]
littoral (m)	**krasts** (v)	[krasts]
côte (f)	**piekraste** (s)	[piɛkraste]
marée (f) haute	**paisums** (v)	[paisums]
marée (f) basse	**bēgums** (v)	[bɛːgums]
latitude (f)	**platums** (v)	[platums]
longitude (f)	**garums** (v)	[garums]
parallèle (f)	**paralēle** (s)	[paralɛːle]
équateur (m)	**ekvators** (v)	[ekvatɔrs]
ciel (m)	**debess** (s)	[dɛbes]
horizon (m)	**horizonts** (v)	[xɔrizɔnts]
atmosphère (f)	**atmosfēra** (s)	[atmɔsfɛːra]
montagne (f)	**kalns** (v)	[kalns]
sommet (m)	**virsotne** (s)	[virsɔtne]
rocher (m)	**klints** (s)	[klints]
colline (f)	**pakalns** (v)	[pakalns]

volcan (m)	vulkāns (v)	[vulka:ns]
glacier (m)	ledājs (v)	[lɛda:js]
chute (f) d'eau	ūdenskritums (v)	[u:denskritums]
plaine (f)	līdzenums (v)	[li:dzenums]

rivière (f), fleuve (m)	upe (s)	[upe]
source (f)	ūdens avots (v)	[u:dens avɔts]
rive (f)	krasts (v)	[krasts]
en aval	plūsmas lejtecē	[plu:smas lejtetse:]
en amont	plūsmas augštecē	[plu:smas augʃtetse:]

lac (m)	ezers (v)	[ɛzɛrs]
barrage (m)	dambis (v)	[dambis]
canal (m)	kanāls (v)	[kana:ls]
marais (m)	purvs (v)	[purvs]
glace (f)	ledus (v)	[lɛdus]

19. Les pays du monde. Partie 1

Europe (f)	Eiropa (s)	[ɛirɔpa]
Union (f) européenne	Eiropas Savienība (s)	[ɛirɔpas saviɛni:ba]
européen (m)	eiropietis (v)	[ɛirɔpiɛtis]
européen (adj)	eiropiešu	[ɛirɔpiɛʃu]

Autriche (f)	Austrija (s)	[austrija]
Grande-Bretagne (f)	Lielbritānija (s)	[liɛlbrita:nija]
Angleterre (f)	Anglija (s)	[aŋglija]
Belgique (f)	Beļģija (s)	[belʲdʲija]
Allemagne (f)	Vācija (s)	[va:tsija]

Pays-Bas (m)	Nīderlande (s)	[ni:derlande]
Hollande (f)	Holande (s)	[xɔlande]
Grèce (f)	Grieķija (s)	[griɛtʲija]
Danemark (m)	Dānija (s)	[da:nija]
Irlande (f)	Īrija (s)	[i:rija]

Islande (f)	Īslande (s)	[i:slande]
Espagne (f)	Spānija (s)	[spa:nija]
Italie (f)	Itālija (s)	[ita:lija]
Chypre (m)	Kipra (s)	[kipra]
Malte (f)	Malta (s)	[malta]

Norvège (f)	Norvēģija (s)	[nɔrve:dʲija]
Portugal (m)	Portugāle (s)	[portuga:le]
Finlande (f)	Somija (s)	[sɔmija]
France (f)	Francija (s)	[frantsija]
Suède (f)	Zviedrija (s)	[zviɛdrija]

| Suisse (f) | Šveice (s) | [ʃvɛitse] |
| Écosse (f) | Skotija (s) | [skɔtija] |

Vatican (m)	**Vatikāns** (v)	[vatika:ns]
Liechtenstein (m)	**Lihtenšteina** (s)	[lixtenʃtɛina]
Luxembourg (m)	**Luksemburga** (s)	[luksemburga]

Monaco (m)	**Monako** (s)	[mɔnakɔ]
Albanie (f)	**Albānija** (s)	[alba:nija]
Bulgarie (f)	**Bulgārija** (s)	[bulga:rija]
Hongrie (f)	**Ungārija** (s)	[uŋga:rija]
Lettonie (f)	**Latvija** (s)	[latvija]

Lituanie (f)	**Lietuva** (s)	[liɛtuva]
Pologne (f)	**Polija** (s)	[pɔlija]
Roumanie (f)	**Rumānija** (s)	[ruma:nija]
Serbie (f)	**Serbija** (s)	[serbija]
Slovaquie (f)	**Slovākija** (s)	[slɔva:kija]

Croatie (f)	**Horvātija** (s)	[xɔrva:tija]
République (f) Tchèque	**Čehija** (s)	[tʃexija]
Estonie (f)	**Igaunija** (s)	[igaunija]
Bosnie (f)	**Bosnija un Hercegovina** (s)	[bɔsnija un xertsegɔvina]
Macédoine (f)	**Maķedonija** (s)	[matʲedɔnija]

Slovénie (f)	**Slovēnija** (s)	[slɔve:nija]
Monténégro (m)	**Melnkalne** (s)	[melnkalne]
Biélorussie (f)	**Baltkrievija** (s)	[baltkriɛvija]
Moldavie (f)	**Moldova** (s)	[mɔldɔva]
Russie (f)	**Krievija** (s)	[kriɛvija]
Ukraine (f)	**Ukraina** (s)	[ukraina]

20. Les pays du monde. Partie 2

Asie (f)	**Āzija** (s)	[a:zija]
Vietnam (m)	**Vjetnama** (s)	[vjetnama]
Inde (f)	**Indija** (s)	[indija]
Israël (m)	**Izraēla** (s)	[izraɛ:la]
Chine (f)	**Ķīna** (s)	[tʲi:na]

Liban (m)	**Libāna** (s)	[liba:na]
Mongolie (f)	**Mongolija** (s)	[mɔŋgɔlija]
Malaisie (f)	**Malaizija** (s)	[malaizija]
Pakistan (m)	**Pakistāna** (s)	[pakista:na]
Arabie (f) Saoudite	**Saūda Arābija** (s)	[sau:da ara:bija]

Thaïlande (f)	**Taizeme** (s)	[taizɛme]
Taïwan (m)	**Taivāna** (s)	[taiva:na]
Turquie (f)	**Turcija** (s)	[turtsija]
Japon (m)	**Japāna** (s)	[japa:na]
Afghanistan (m)	**Afganistāna** (s)	[afganista:na]
Bangladesh (m)	**Bangladeša** (s)	[baŋgladeʃa]

Indonésie (f)	Indonēzija (s)	[indɔne:zija]
Jordanie (f)	Jordānija (s)	[jɔrda:nija]
Iraq (m)	Irāka (s)	[ira:ka]
Iran (m)	Irāna (s)	[ira:na]

Cambodge (m)	Kambodža (s)	[kambɔdʒa]
Koweït (m)	Kuveita (s)	[kuvɛita]
Laos (m)	Laosa (s)	[laɔsa]
Myanmar (m)	Mjanma (s)	[mjanma]
Népal (m)	Nepāla (s)	[nɛpa:la]

Fédération (f) des Émirats Arabes Unis	Apvienotie Arābu Emirāti (v dsk)	[apviɛnɔtiɛ ara:bu emira:ti]
Syrie (f)	Sīrija (s)	[si:rija]
Palestine (f)	Palestīna (s)	[palesti:na]
Corée (f) du Sud	Dienvidkoreja (s)	[diɛnvidkɔreja]
Corée (f) du Nord	Ziemeļkoreja (s)	[ziɛmelʲkɔreja]

Les États Unis	Amerikas Savienotās Valstis (s dsk)	[amerikas saviɛnɔta:s valstis]
Canada (m)	Kanāda (s)	[kana:da]
Mexique (m)	Meksika (s)	[meksika]
Argentine (f)	Argentīna (s)	[argenti:na]
Brésil (m)	Brazīlija (s)	[brazi:lija]

Colombie (f)	Kolumbija (s)	[kɔlumbija]
Cuba (f)	Kuba (s)	[kuba]
Chili (m)	Čīle (s)	[tʃi:le]
Venezuela (f)	Venecuēla (s)	[vɛnetsuɛ:la]
Équateur (m)	Ekvadora (s)	[ekvadɔra]

Bahamas (f pl)	Bahamu salas (s dsk)	[baxamu salas]
Panamá (m)	Panama (s)	[panama]
Égypte (f)	Ēģipte (s)	[e:dʲipte]
Maroc (m)	Maroka (s)	[marɔka]
Tunisie (f)	Tunisija (s)	[tunisija]

Kenya (m)	Kenija (s)	[kenija]
Libye (f)	Lībija (s)	[li:bija]
République (f) Sud-africaine	Dienvidāfrikas Republika (s)	[diɛnvida:frikas rɛpublika]
Australie (f)	Austrālija (s)	[austra:lija]
Nouvelle Zélande (f)	Jaunzēlande (s)	[jaunzɛ:lande]

21. Le temps. Les catastrophes naturelles

temps (m)	laiks (v)	[laiks]
météo (f)	laika prognoze (s)	[laika prɔgnɔze]
température (f)	temperatūra (s)	[tempɛratu:ra]
thermomètre (m)	termometrs (v)	[termɔmetrs]

baromètre (m)	**barometrs** (v)	[barɔmetrs]
soleil (m)	**saule** (s)	[saule]
briller (soleil)	**spīd saule**	[spi:d saule]
ensoleillé (jour ~)	**saulains**	[saulains]
se lever (vp)	**uzlēkt**	[uzle:kt]
se coucher (vp)	**rietēt**	[riɛte:t]
pluie (f)	**lietus** (v)	[liɛtus]
il pleut	**līst lietus**	[li:st liɛtus]
pluie (f) torrentielle	**stiprs lietus** (v)	[stiprs liɛtus]
nuée (f)	**melns mākonis** (v)	[melns ma:kɔnis]
flaque (f)	**peļķe** (s)	[pelʲtʲe]
se faire mouiller	**samirkt**	[samirkt]
orage (m)	**pērkona negaiss** (v)	[pe:rkɔna nɛgais]
éclair (m)	**zibens** (v)	[zibens]
éclater (foudre)	**zibēt**	[zibe:t]
tonnerre (m)	**pērkons** (v)	[pe:rkɔns]
le tonnerre gronde	**dārd pērkons**	[da:rd pe:rkɔns]
grêle (f)	**krusa** (s)	[krusa]
il grêle	**krīt krusa**	[kri:t krusa]
chaleur (f) (canicule)	**tveice** (s)	[tvɛitse]
il fait très chaud	**karsts laiks**	[karsts laiks]
il fait chaud	**silts laiks**	[silts laiks]
il fait froid	**auksts laiks**	[auksts laiks]
brouillard (m)	**migla** (s)	[migla]
brumeux (adj)	**miglains**	[miglains]
nuage (m)	**mākonis** (v)	[ma:kɔnis]
nuageux (adj)	**mākoņains**	[ma:kɔɲains]
humidité (f)	**mitrums** (v)	[mitrums]
neige (f)	**sniegs** (v)	[sniɛgs]
il neige	**krīt sniegs**	[kri:t sniɛgs]
gel (m)	**sals** (v)	[sals]
au-dessous de zéro	**zem nulles**	[zem nulles]
givre (m)	**sarma** (s)	[sarma]
intempéries (f pl)	**slikts laiks** (v)	[slikts laiks]
catastrophe (f)	**katastrofa** (s)	[katastrɔfa]
inondation (f)	**ūdens plūdi** (v dsk)	[u:dens plu:di]
avalanche (f)	**lavīna** (s)	[lavi:na]
tremblement (m) de terre	**zemestrīce** (s)	[zɛmestri:tse]
secousse (f)	**trieciens** (v)	[triɛtsiɛns]
épicentre (m)	**epicentrs** (v)	[epitsentrs]
éruption (f)	**izvirdums** (v)	[izvirdums]
lave (f)	**lava** (s)	[lava]
tornade (f)	**tornado** (v)	[tɔrnadɔ]
tourbillon (m)	**virpuļvētra** (s)	[virpulʲve:tra]

ouragan (m)	**viesulis** (v)	[viɛsulis]
tsunami (m)	**cunami** (v)	[tsunami]
cyclone (m)	**ciklons** (v)	[tsiklɔns]

22. Les animaux. Partie 1

animal (m)	**dzīvnieks** (v)	[dzi:vniɛks]
prédateur (m)	**plēsoņa** (s)	[ple:sɔɲa]
tigre (m)	**tīģeris** (v)	[ti:dʲeris]
lion (m)	**lauva** (s)	[lauva]
loup (m)	**vilks** (v)	[vilks]
renard (m)	**lapsa** (s)	[lapsa]
jaguar (m)	**jaguārs** (v)	[jagua:rs]
lynx (m)	**lūsis** (v)	[lu:sis]
coyote (m)	**koijots** (v)	[kɔijɔts]
chacal (m)	**šakālis** (v)	[ʃaka:lis]
hyène (f)	**hiēna** (s)	[xiɛ:na]
écureuil (m)	**vāvere** (s)	[va:vɛre]
hérisson (m)	**ezis** (v)	[ɛzis]
lapin (m)	**trusis** (v)	[trusis]
raton (m)	**jenots** (v)	[jenɔts]
hamster (m)	**kāmis** (v)	[ka:mis]
taupe (f)	**kurmis** (v)	[kurmis]
souris (f)	**pele** (s)	[pɛle]
rat (m)	**žurka** (s)	[ʒurka]
chauve-souris (f)	**sikspārnis** (v)	[sikspa:rnis]
castor (m)	**bebrs** (v)	[bebrs]
cheval (m)	**zirgs** (v)	[zirgs]
cerf (m)	**briedis** (v)	[briɛdis]
chameau (m)	**kamielis** (v)	[kamiɛlis]
zèbre (m)	**zebra** (s)	[zebra]
baleine (f)	**valis** (v)	[valis]
phoque (m)	**ronis** (v)	[rɔnis]
morse (m)	**valzirgs** (v)	[valzirgs]
dauphin (m)	**delfīns** (v)	[delfi:ns]
ours (m)	**lācis** (v)	[la:tsis]
singe (m)	**pērtiķis** (v)	[pe:rtitʲis]
éléphant (m)	**zilonis** (v)	[zilɔnis]
rhinocéros (m)	**degunradzis** (v)	[dɛgunradzis]
girafe (f)	**žirafe** (s)	[ʒirafe]
hippopotame (m)	**nīlzirgs** (v)	[ni:lzirgs]
kangourou (m)	**ķengurs** (v)	[tʲeŋgurs]

chat (m) (femelle)	**kaķis** (v)	[katʲis]
chien (m)	**suns** (v)	[suns]
vache (f)	**govs** (s)	[gɔvs]
taureau (m)	**bullis** (v)	[bullis]
brebis (f)	**aita** (s)	[aita]
chèvre (f)	**kaza** (s)	[kaza]
âne (m)	**ēzelis** (v)	[ɛ:zelis]
cochon (m)	**cūka** (s)	[tsu:ka]
poule (f)	**vista** (s)	[vista]
coq (m)	**gailis** (v)	[gailis]
canard (m)	**pīle** (s)	[pi:le]
oie (f)	**zoss** (s)	[zɔs]
dinde (f)	**tītaru mātīte** (s)	[ti:taru ma:ti:te]
berger (m)	**aitu suns** (v)	[aitu suns]

23. Les animaux. Partie 2

oiseau (m)	**putns** (v)	[putns]
pigeon (m)	**balodis** (v)	[balɔdis]
moineau (m)	**zvirbulis** (v)	[zvirbulis]
mésange (f)	**zīlīte** (s)	[zi:li:te]
pie (f)	**žagata** (s)	[ʒagata]
aigle (m)	**ērglis** (v)	[e:rglis]
épervier (m)	**vanags** (v)	[vanags]
faucon (m)	**piekūns** (v)	[piɛku:ns]
cygne (m)	**gulbis** (v)	[gulbis]
grue (f)	**dzērve** (s)	[dze:rve]
cigogne (f)	**stārķis** (v)	[sta:rtʲis]
perroquet (m)	**papagailis** (v)	[papagailis]
paon (m)	**pāvs** (v)	[pa:vs]
autruche (f)	**strauss** (v)	[straus]
héron (m)	**gārnis** (v)	[ga:rnis]
rossignol (m)	**lakstīgala** (s)	[laksti:gala]
hirondelle (f)	**bezdelīga** (s)	[bezdeli:ga]
pivert (m)	**dzenis** (v)	[dzenis]
coucou (m)	**dzeguze** (s)	[dzɛguze]
chouette (f)	**pūce** (s)	[pu:tse]
pingouin (m)	**pingvīns** (v)	[piŋgvi:ns]
thon (m)	**tuncis** (v)	[tuntsis]
truite (f)	**forele** (s)	[fɔrɛle]
anguille (f)	**zutis** (v)	[zutis]
requin (m)	**haizivs** (s)	[xaizivs]
crabe (m)	**krabis** (v)	[krabis]

| méduse (f) | medūza (s) | [mɛdu:za] |
| pieuvre (f), poulpe (m) | astoŋkājis (v) | [astɔŋka:jis] |

étoile (f) de mer	jūras zvaigzne (s)	[ju:ras zvaigzne]
oursin (m)	jūras ezis (v)	[ju:ras ezis]
hippocampe (m)	jūras zirdziŋš (v)	[ju:ras zirdziɲʃ]
crevette (f)	garnele (s)	[garnɛle]

serpent (m)	čūska (s)	[tʃu:ska]
vipère (f)	odze (s)	[ɔdze]
lézard (m)	ķirzaka (s)	[tʲirzaka]
iguane (m)	iguāna (s)	[igua:na]
caméléon (m)	hameleons (v)	[xamɛleɔns]
scorpion (m)	skorpions (v)	[skɔrpiɔns]

tortue (f)	bruŋurupucis (v)	[bruɲuruputsis]
grenouille (f)	varde (s)	[varde]
crocodile (m)	krokodils (v)	[krokɔdils]
insecte (m)	kukainis (v)	[kukainis]
papillon (m)	taurenis (v)	[taurenis]
fourmi (f)	skudra (s)	[skudra]
mouche (f)	muša (s)	[muʃa]

moustique (m)	ods (v)	[ɔds]
scarabée (m)	vabole (s)	[vabole]
abeille (f)	bite (s)	[bite]
araignée (f)	zirneklis (v)	[zirneklis]
coccinelle (f)	mārīte (s)	[ma:ri:te]

24. La flore. Les arbres

arbre (m)	koks (v)	[kɔks]
bouleau (m)	bērzs (v)	[be:rzs]
chêne (m)	ozols (v)	[ɔzɔls]
tilleul (m)	liepa (s)	[liɛpa]
tremble (m)	apse (s)	[apse]

érable (m)	kļava (s)	[klʲava]
épicéa (m)	egle (s)	[egle]
pin (m)	priede (s)	[priɛde]
cèdre (m)	ciedrs (v)	[tsiɛdrs]

peuplier (m)	papele (s)	[papɛle]
sorbier (m)	pīlādzis (v)	[pi:la:dzis]
hêtre (m)	dižskābardis (v)	[diʒska:bardis]
orme (m)	vīksna (s)	[vi:ksna]

frêne (m)	osis (v)	[ɔsis]
marronnier (m)	kastaņa (s)	[kastaɲa]
palmier (m)	palma (s)	[palma]

buisson (m)	**Krūms** (v)	[kru:ms]
champignon (m)	**sēne** (s)	[sɛ:ne]
champignon (m) vénéneux	**indīga sēne** (s)	[indi:ga sɛ:ne]
cèpe (m)	**baravika** (s)	[baravika]
russule (f)	**bērzlape** (s)	[be:rzlape]
amanite (f) tue-mouches	**mušmire** (s)	[muʃmire]
oronge (f) verte	**suņu sēne** (s)	[suɲu sɛ:ne]

fleur (f)	**zieds** (v)	[ziɛds]
bouquet (m)	**ziedu pušķis** (v)	[ziɛdu puʃtʲis]
rose (f)	**roze** (s)	[rɔze]
tulipe (f)	**tulpe** (s)	[tulpe]
oeillet (m)	**neļķe** (s)	[nelʲtʲe]

marguerite (f)	**kumelīte** (s)	[kumeli:te]
cactus (m)	**kaktuss** (v)	[kaktus]
muguet (m)	**maijpuķīte** (s)	[maijputʲi:te]
perce-neige (f)	**sniegpulkstenīte** (s)	[sniɛgpulksteni:te]
nénuphar (m)	**ūdensroze** (s)	[u:densrɔze]

serre (f) tropicale	**oranžērija** (s)	[ɔranʒe:rija]
gazon (m)	**zālājs** (v)	[za:la:js]
parterre (m) de fleurs	**puķu dobe** (s)	[putʲu dɔbe]

plante (f)	**augs** (v)	[augs]
herbe (f)	**zāle** (s)	[za:le]
feuille (f)	**lapa** (s)	[lapa]
pétale (m)	**lapiņa** (s)	[lapiɲa]
tige (f)	**stiebrs** (v)	[stiɛbrs]
pousse (f)	**dīglis** (v)	[di:glis]

céréales (f pl) (plantes)	**graudaugi** (v dsk)	[graudaugi]
blé (m)	**kvieši** (v dsk)	[kviɛʃi]
seigle (m)	**rudzi** (v dsk)	[rudzi]
avoine (f)	**auzas** (s dsk)	[auzas]

millet (m)	**prosa** (s)	[prɔsa]
orge (f)	**mieži** (v dsk)	[miɛʒi]
maïs (m)	**kukurūza** (s)	[kukuru:za]
riz (m)	**rīsi** (v dsk)	[ri:si]

25. Les mots souvent utilisés

aide (f)	**palīdzība** (s)	[pali:dzi:ba]
arrêt (m) (pause)	**apstāšanās** (s)	[apsta:ʃana:s]
balance (f)	**bilance** (s)	[bilantse]
base (f)	**bāze** (s)	[ba:ze]
catégorie (f)	**kategorija** (s)	[kategɔrija]
choix (m)	**izvēle** (s)	[izvɛ:le]
coïncidence (f)	**sakritība** (s)	[sakriti:ba]

comparaison (f)	salīdzināšana (s)	[sali:dzina:ʃana]
début (m)	sākums (v)	[sa:kums]
degré (m) (~ de liberté)	pakāpe (s)	[paka:pe]
développement (m)	attīstība (s)	[atti:sti:ba]
différence (f)	atšķirība (s)	[atʃtʲiri:ba]
effet (m)	efekts (v)	[efekts]
effort (m)	spēks (v)	[spe:ks]
élément (m)	elements (v)	[ɛlɛments]
exemple (m)	paraugs (v)	[paraugs]
fait (m)	fakts (v)	[fakts]
faute, erreur (f)	kļūda (s)	[klʲu:da]
forme (f)	forma (s)	[fɔrma]
idéal (m)	ideāls (v)	[idea:ls]
mode (m) (méthode)	veids (v)	[vɛids]
moment (m)	brīdis (v)	[bri:dis]
obstacle (m)	šķērslis (v)	[ʃtʲɛ:rslis]
part (f)	daļa (s)	[dalʲa]
pause (f)	pauze (s)	[pauze]
position (f)	pozīcija (s)	[pɔzi:tsija]
problème (m)	problēma (s)	[prɔblɛ:ma]
processus (m)	process (v)	[prɔtses]
progrès (m)	progress (v)	[prɔgres]
propriété (f) (qualité)	īpašība (s)	[i:paʃi:ba]
réaction (f)	reakcija (s)	[reaktsija]
risque (m)	risks (v)	[risks]
secret (m)	noslēpums (v)	[nɔslɛ:pums]
série (f)	sērija (s)	[se:rija]
situation (f)	situācija (s)	[situa:tsija]
solution (f)	risinājums (v)	[risina:jums]
standard (adj)	standarta	[standarta]
style (m)	stils (v)	[stils]
système (m)	sistēma (s)	[sistɛ:ma]
tableau (m) (grille)	tabula (s)	[tabula]
tempo (m)	temps (v)	[temps]
terme (m)	termins (v)	[termins]
tour (m) (attends ton ~)	rinda (s)	[rinda]
type (m) (~ de sport)	veids (v)	[vɛids]
urgent (adj)	steidzams	[stɛidzams]
utilité (f)	labums (v)	[labums]
vérité (f)	patiesība (s)	[patiɛsi:ba]
version (f)	variants (v)	[variants]
zone (f)	zona (s)	[zɔna]

26. Les adjectifs. Partie 1

aigre (fruits ~s)	**skābs**	[ska:bs]
amer (adj)	**rūgts**	[ru:gts]
ancien (adj)	**sens**	[sens]
artificiel (adj)	**mākslīgs**	[ma:ksli:gs]
aveugle (adj)	**akls**	[akls]
bas (voix ~se)	**kluss**	[klus]
beau (homme)	**skaists**	[skaists]
bien affilé (adj)	**ass**	[as]
bon (savoureux)	**garšīgs**	[garʃi:gs]
bronzé (adj)	**nosauļojies**	[nɔsauljɔjiɛs]
central (adj)	**centrālais**	[tsentra:lais]
clandestin (adj)	**pagrīdes**	[pagri:des]
compatible (adj)	**savietojams**	[saviɛtɔjams]
content (adj)	**apmierināts**	[apmiɛrina:ts]
continu (usage ~)	**ilgstošs**	[ilgstɔʃs]
court (de taille)	**īss**	[i:s]
cru (non cuit)	**jēls**	[jɛ:ls]
dangereux (adj)	**bīstams**	[bi:stams]
d'enfant (adj)	**bērnu**	[be:rnu]
dense (brouillard ~)	**blīvs**	[bli:vs]
dernier (final)	**pēdējais**	[pɛ:de:jais]
difficile (décision)	**grūts**	[gru:ts]
d'occasion (adj)	**lietots**	[liɛtɔts]
douce (l'eau ~)	**sājš**	[sa:jʃ]
droit (pas courbe)	**taisns**	[taisns]
droit (situé à droite)	**labais**	[labais]
dur (pas mou)	**ciets**	[tsiɛts]
étroit (passage, etc.)	**šaurs**	[ʃaurs]
excellent (adj)	**lielisks**	[liɛlisks]
excessif (adj)	**pārmērīgs**	[pa:rme:ri:gs]
extérieur (adj)	**ārējs**	[a:re:js]
facile (adj)	**vienkāršs**	[viɛnka:rʃs]
fertile (le sol ~)	**auglīgs**	[augli:gs]
fort (homme ~)	**spēcīgs**	[spe:tsi:gs]
fort (voix ~e)	**skaļš**	[skaljʃ]
fragile (vaisselle, etc.)	**trausls**	[trausls]
gauche (adj)	**kreisais**	[krɛisais]
géant (adj)	**milzīgs**	[milzi:gs]
grand (dimension)	**liels**	[liɛls]
gratuit (adj)	**bez maksas**	[bez maksas]
heureux (adj)	**laimīgs**	[laimi:gs]
immobile (adj)	**nekustīgs**	[nɛkusti:gs]

important (adj)	svarīgs	[svari:gs]
intelligent (adj)	gudrs	[gudrs]
intérieur (adj)	iekšējs	[iɛkʃe:js]
légal (adj)	likumīgs	[likumi:gs]
léger (pas lourd)	viegls	[viɛgls]
liquide (adj)	šķidrs	[ʃtʲidrs]
lisse (adj)	gluds	[gluds]
long (~ chemin)	garšīgs	[garʃi:gs]

27. Les adjectifs. Partie 2

malade (adj)	slims	[slims]
mat (couleur)	matēts	[mate:ts]
mauvais (adj)	slikts	[slikts]
mort (adj)	miris	[miris]
mou (souple)	mīksts	[mi:ksts]
mûr (fruit ~)	nogatavojies	[nɔgatavɔjiɛs]
mystérieux (adj)	noslēpumains	[nɔslɛ:pumains]
natal (ville, pays)	dzimtā	[dzimta:]
négatif (adj)	negatīvs	[nɛgati:vs]
neuf (adj)	jauns	[jauns]
normal (adj)	normāls	[nɔrma:ls]
obligatoire (adj)	obligāts	[ɔbliga:ts]
opposé (adj)	pretējs	[prɛte:js]
ordinaire (adj)	parasts	[parasts]
original (peu commun)	oriģināls	[ɔridʲina:ls]
ouvert (adj)	atklāts	[atkla:ts]
parfait (adj)	lielisks	[liɛlisks]
pas clair (adj)	neskaidrs	[neskaidrs]
pas difficile (adj)	viegls	[viɛgls]
passé (le mois ~)	pagājušais	[paga:juʃais]
pauvre (adj)	nabags	[nabags]
personnel (adj)	privātais	[priva:tais]
petit (adj)	mazs	[mazs]
peu profond (adj)	sekls	[sekls]
plein (rempli)	pilns	[pilns]
poli (adj)	laipns	[laipns]
possible (adj)	iespējamais	[iɛspe:jamais]
précis, exact (adj)	precīzs	[pretsi:zs]
principal (adj)	galvenais	[galvɛnais]
principal (idée ~e)	pamata	[pamata]
probable (adj)	varbūtējs	[varbu:te:js]
propre (chemise ~)	tīrs	[ti:rs]
public (adj)	sabiedrisks	[sabiɛdrisks]

rapide (adj)	ātrs	[a:trs]
rare (adj)	rets	[rets]
risqué (adj)	riskants	[riskants]
sale (pas propre)	netīrs	[neti:rs]
similaire (adj)	līdzīgs	[li:dzi:gs]

solide (bâtiment, etc.)	izturīgs	[izturi:gs]
spacieux (adj)	plašs	[plaʃs]
spécial (adj)	speciāls	[spetsia:ls]
stupide (adj)	muļķīgs	[mulʲtʲi:gs]
sucré (adj)	salds	[salds]
suivant (vol ~)	nākamais	[na:kamais]

supplémentaire (adj)	papildu	[papildu]
surgelé (produits ~s)	iesaldēts	[iɛsalde:ts]
triste (regard ~)	skumjš	[skumjʃ]
vide (bouteille, etc.)	tukšs	[tukʃs]
vieux (bâtiment, etc.)	vecs	[vets]

28. Les verbes les plus utilisés. Partie 1

accuser (vt)	apsūdzēt	[apsu:dze:t]
acheter (vt)	pirkt	[pirkt]
aider (vt)	palīdzēt	[pali:dze:t]
aimer (qn)	mīlēt	[mi:le:t]
aller (à pied)	iet	[iɛt]
allumer (vt)	ieslēgt	[iɛsle:gt]

annoncer (vt)	paziņot	[paziɲot]
annuler (vt)	atcelt	[attselt]
appartenir à ...	piederēt	[piɛdɛre:t]
attendre (vt)	gaidīt	[gaidi:t]
attraper (vt)	ķert	[tʲert]
autoriser (vt)	atļaut	[atlʲaut]

avoir (vt)	būt	[bu:t]
avoir confiance	uzticēt	[uztitse:t]
avoir peur	baidīties	[baidi:tiɛs]
battre (frapper)	sist	[sist]

boire (vt)	dzert	[dzert]
cacher (vt)	slēpt	[sle:pt]
casser (briser)	lauzt	[lauzt]
cesser (vt)	pārtraukt	[pa:rtraukt]
changer (vt)	mainīt	[maini:t]
chanter (vi)	dziedāt	[dziɛda:t]

chasser (animaux)	medīt	[medi:t]
choisir (vt)	izvēlēties	[izvɛ:le:tiɛs]
commencer (vt)	sākt	[sa:kt]

comparer (vt)	salīdzināt	[sali:dzina:t]
comprendre (vt)	saprast	[saprast]
compter (dénombrer)	sarēķināt	[sare:tʲina:t]

compter sur ...	paļauties uz ...	[palʲauties uz ...]
confirmer (vt)	apstiprināt	[apstiprina:t]
connaître (qn)	pazīt	[pazi:t]
construire (vt)	būvēt	[bu:ve:t]
copier (vt)	nokopēt	[nɔkɔpe:t]
courir (vi)	skriet	[skriɛt]

coûter (vt)	maksāt	[maksa:t]
créer (vt)	izveidot	[izvɛidɔt]
creuser (vt)	rakt	[rakt]
crier (vi)	kliegt	[kliɛgt]
croire (en Dieu)	ticēt	[titse:t]
danser (vi, vt)	dejot	[dejɔt]

décider (vt)	lemt	[lemt]
déjeuner (vi)	pusdienot	[pusdiɛnɔt]
demander (~ l'heure)	jautāt	[jauta:t]
dépendre de ...	atkarāties no ...	[atkara:ties nɔ ...]
déranger (vt)	traucēt	[trautse:t]
dîner (vi)	vakariņot	[vakariɲɔt]

dire (vt)	teikt	[tɛikt]
discuter (vt)	apspriest	[apspriɛst]
disparaître (vi)	pazust	[pazust]
divorcer (vi)	šķirties	[ʃtʲirtiɛs]
donner (vt)	dot	[dɔt]
douter (vt)	šaubīties	[ʃaubi:tiɛs]

29. Les verbes les plus utilisés. Partie 2

écrire (vt)	rakstīt	[raksti:t]
entendre (bruit, etc.)	dzirdēt	[dzirde:t]
envoyer (vt)	sūtīt	[su:ti:t]
espérer (vi)	cerēt	[tsɛre:t]
essayer (de faire qch)	mēģināt	[me:dʲina:t]

éteindre (vt)	izslēgt	[izsle:gt]
être absent	nebūt klāt	[nɛbu:t kla:t]
être d'accord	piekrist	[piɛkrist]
être fatigué	nogurt	[nɔgurt]
être pressé	steigties	[stɛigtiɛs]

étudier (vt)	pētīt	[pe:ti:t]
excuser (vt)	piedot	[piɛdɔt]
exiger (vt)	prasīt	[prasi:t]
exister (vi)	eksistēt	[eksiste:t]

expliquer (vt)	paskaidrot	[paskaidrɔt]
faire (vt)	darīt	[dari:t]
faire le ménage	uzkopt	[uzkɔpt]
faire tomber	nomest	[nɔmest]
féliciter (vt)	apsveikt	[apsvɛikt]
fermer (vt)	aizvērt	[aizve:rt]

finir (vt)	beigt	[bɛigt]
garder (conserver)	uzglabāt	[uzglaba:t]
haïr (vt)	ienīst	[iɛni:st]
insister (vi)	uzstāt	[uzsta:t]
insulter (vt)	aizvainot	[aizvainɔt]
interdire (vt)	aizliegt	[aizliɛgt]

inviter (vt)	ielūgt	[iɛlu:gt]
jouer (s'amuser)	spēlēt	[spɛ:le:t]
lire (vi, vt)	lasīt	[lasi:t]
louer (prendre en location)	īrēt	[i:re:t]
manger (vi, vt)	ēst	[ɛ:st]

manquer (l'école)	kavēt	[kave:t]
mépriser (vt)	nicināt	[nitsina:t]
montrer (vt)	parādīt	[para:di:t]
mourir (vi)	nomirt	[nɔmirt]
nager (vi)	peldēt	[pelde:t]

naître (vi)	piedzimt	[piɛdzimt]
nier (vt)	noliegt	[nɔliɛgt]
obéir (vt)	paklausīt	[paklausi:t]
oublier (vt)	aizmirst	[aizmirst]
ouvrir (vt)	atvērt	[atve:rt]

30. Les verbes les plus utilisés. Partie 3

pardonner (vt)	piedot	[piɛdɔt]
parler (vi, vt)	runāt	[runa:t]
parler avec …	sarunāties ar …	[saruna:ties ar …]
participer à …	piedalīties	[piɛdali:tiɛs]
payer (régler)	maksāt	[maksa:t]
penser (vi, vt)	domāt	[dɔma:t]

perdre (les clefs, etc.)	pazaudēt	[pazaude:t]
plaire (être apprécié)	patikt	[patikt]
plaisanter (vi)	jokot	[jɔkɔt]
pleurer (vi)	raudāt	[rauda:t]
plonger (vi)	nirt	[nirt]
pouvoir (v aux)	spēt	[spe:t]

| pouvoir (v aux) | spēt | [spe:t] |
| prendre (vt) | ņemt | [ɲemt] |

prendre le petit déjeuner	brokastot	[brɔkastɔt]
préparer (le dîner)	gatavot	[gatavɔt]
prévoir (vt)	paredzēt	[paredze:t]
prier (~ Dieu)	lūgties	[lu:gtiɛs]

promettre (vt)	solīt	[sɔli:t]
proposer (vt)	piedāvāt	[piɛda:va:t]
prouver (vt)	pierādīt	[piɛra:di:t]
raconter (une histoire)	stāstīt	[sta:sti:t]
recevoir (vt)	saņemt	[saɲemt]

regarder (vt)	skatīties uz ...	[skati:ties uz ...]
remercier (vt)	pateikties	[patɛiktiɛs]
répéter (dire encore)	atkārtot	[atka:rtɔt]
répondre (vi, vt)	atbildēt	[atbilde:t]
réserver (une chambre)	rezervēt	[rɛzerve:t]
rompre (relations)	pārtraukt	[pa:rtraukt]

s'asseoir (vp)	sēsties	[se:stiɛs]
sauver (la vie à qn)	glābt	[gla:bt]
savoir (qch)	zināt	[zina:t]
se battre (vp)	kauties	[kautiɛs]
se dépêcher	steigties	[stɛigtiɛs]
se plaindre (vp)	sūdzēties	[su:dze:tiɛs]

se rencontrer (vp)	satikt	[satikt]
se tromper (vp)	kļūdīties	[klʲu:di:tiɛs]
sécher (vt)	žāvēt	[ʒa:ve:t]
s'excuser (vp)	atvainoties	[atvainɔtiɛs]
signer (vt)	parakstīt	[paraksti:t]

sourire (vi)	smaidīt	[smaidi:t]
supprimer (vt)	izdzēst	[izdze:st]
tirer (vi)	šaut	[ʃaut]
tomber (vi)	krist	[krist]
tourner (~ à gauche)	pagriezties	[pagriɛztiɛs]
traduire (vt)	tulkot	[tulkɔt]

travailler (vi)	strādāt	[stra:da:t]
tromper (vt)	krāpt	[kra:pt]
trouver (vt)	atrast	[atrast]
tuer (vt)	nogalināt	[nɔgalina:t]
vendre (vt)	pārdot	[pa:rdɔt]

venir (vi)	atbraukt	[atbraukt]
vérifier (vt)	pārbaudīt	[pa:rbaudi:t]
voir (vt)	redzēt	[redze:t]
voler (avion, oiseau)	lidot	[lidɔt]
voler (qch à qn)	zagt	[zagt]
vouloir (vt)	gribēt	[gribe:t]